KV-511-634

Cewri

Cewri Cymru a'r chwedlau

Rhagair

Llyfr yn llawn o ffeithiau a darnau ffuglen sydd yma, er mwyn annog plant i chwilio a chwalu ac i fwynhau darllen yn annibynnol. Mae pob uned yn cynnwys dau destun ffeithiol a dau destun ffuglen, gyda'r ddau destun ar y tudalennau melyn yn llai heriol, a'r ddau destun ar y tudalennau porffor ar gyfer darllenwyr haen uwch/MATh. Mae yma enghreifftiau o wahanol ddiben a *genres* o ysgrifennu, yn unol â'r hyn sydd wedi ei nodi yn y Rhaglen Astudio.

Mae'r cwestiynau sydd ymhob uned (Chwilio a chwalu) yno er mwyn datblygu sgiliau ymresymu a thrafod, ac er bod ambell un o'r cwestiynau yn fwy llythrennol, nid ydynt wedi eu gosod mewn trefn. Mae hyn yn rhoi cyfle i bob plentyn roi tro ar bob cwestiwn, yn hytrach na chyfyngu ar awydd plentyn i geisio trafod y cwestiynau heriol.

Ceir geirfa yng nghefn y llyfr er mwyn i'r darllenydd ifanc gael ymchwilio'n annibynnol i ystyr y geiriau sydd wedi'u duo, i helpu gyda dealltwriaeth ac i ehangu stôr geirfa. Bwriedir i'r eirfa fod yn lled heriol, er mwyn sicrhau digon o her.

Cynnwys

Haen Sylfaenol/Canolig

Haen Uwch/MATh

Cewri

Owain Gwynedd

Tywysog Cymreig oedd Owain Gwynedd. Roedd yn dywysog ar rannau o Gymru yn y 12fed ganrif.

Y Normaniaid

Roedd y Normaniaid wedi ymosod ar Loegr a'i choncro yn 1066. Pobl o Normandi (rhan o Ffrainc erbyn heddiw) oedd y Normaniaid. Roedden nhw'n chwilio am diroedd newydd yng Nghymru hefyd. Nid oedd tywysogion Cymru am adael iddynt ddwyn eu tiroedd. Un o'r tywysogion hynny oedd Owain Gwynedd.

Roedd Owain Gwynedd yn dywysog dros Wynedd. Roedd y Normaniaid yn rheoli'r ffin rhwng Cymru a Lloegr, ac yn ceisio gwthio i mewn i Gymru o amgylch trefi Caer, Amwythig a Henffordd.

Gelynion

Yn 1154 daeth Harri II yn frenin ar Loegr. Roedd gan Harri diroedd yn Ffrainc hefyd, ond roedd yn benderfynol o gipio tiroedd Owain Gwynedd.

Roedd gan Owain lawer o elynion yng Nghymru, ac roedden nhw'n helpu Harri II i ymosod ar Owain. Un o'r gelynion hyn oedd Madog ap Maredudd, tywysog Powys. Roedd Cadwaladr, brawd Owain, hefyd yn cefnogi Harri II.

Yn 1157 bu brwydro rhwng Owain a Harri yng ngogledd Cymru. Ni wnaeth Harri ennill, ond roedd Owain Gwynedd yn sylweddoli bod Harri'n bwerus iawn. Bu'n rhaid iddo **ildio** ei diroedd i'r dwyrain o Afon Clwyd, a'u rhoi i'r brenin Harri II.

Enw	Owain Gwynedd
Enwau eraill	Owain Fawr, Owain ap Gruffydd
Dyddiad geni	tua 1100
Dyddiad marw	tua 1170
Enw ei dad	Gruffydd ap Cynan
Enw ei fam	Angharad
Brwydro yn erbyn	y Normaniaid, ac yn arbennig Harri II
Yn bwysig oherwydd	Roedd yn filwr dewr, a llwyddodd i uno rhannau mawr o Gymru.

Cnoi cil

Mae'r 12fed ganrif yn golygu'r ganrif sydd yn dechrau gyda'r flwyddyn 1100, ac yn gorffen gyda'r flwyddyn 1199.

Rydyn ni'n byw yn y 21ain ganrif.

Cewri

Bydd yn barod

Cymeriadau:

Dafydd - sydd am fod yn rhan o fyddin Owain Gwynedd

Edmwnd - sydd am aros gartref i ffermio

Golygfa:

Y tu allan i Lys Aberffraw, cartref Owain Gwynedd, fin nos. Mae byddin Owain Gwynedd yn gadael yn y bore i groesi Cefnfor Menai am y dwyrain, i ryfel yn erbyn byddin Harri II.

Dafydd: Wyt ti'n barod?

Edmwnd: Barod i beth?

Dafydd: Wel, barod am y bore, siŵr. Wyt ti wedi pacio dy gleddyf?

Edmwnd: Dwi ddim wedi pacio i fynd i unman. A dweud y gwir, dydw i ddim am ddod gyda ti, Dafydd.

Dafydd: Beth wyt ti'n feddwl?

Edmwnd: Wel, os af i i'r fyddin i frwydro yn erbyn brenin Lloegr, pwy fydd ar ôl i ofalu am bethau yn fan hyn?

Dafydd: Ond mi fydd yn antur!

Edmwnd: Dydw i ddim eisiau antur. Y cwbl dwi ei eisiau ydy bywyd tawel yn gofalu am y geifr a'r gwartheg.

Dafydd: Ond beth am Owain Fawr?

Edmwnd: Dwi am aros i ofalu am ei anifeiliaid e yn fan hyn.

Dafydd: *(yn ysgwyd ei ben, yn methu'n lân â deall)* Wel wir, dwn i ddim beth fydd pawb yn ei ddweud.

Edmwnd: *(yn cerdded i ffwrdd a'i ben yn isel)* Mae'n ddrwg gen i, Dafydd, ond dydw i ddim am ddod, a dyna fo. Mi fedra i helpu'n well yn fan hyn.

(Dafydd yn gadael er mwyn mynd ati i hel ei bethau yn barod at y bore.)

(Mae Edmwnd yn neidio dros y twyni tywod, yn galw ar y geifr.)

Edmwnd: Lle'r ydych chi rŵan? Dewch o 'na, mi awn ni yn ôl rŵan. Mae'n rhaid i chi fod i mewn yn y **gorlan** cyn nos - mae sôn fod yna fleiddiaid o gwmpas.

(Mae'r geifr yn brefu'n uchel.)

Edmwnd: Dewch, wir! Beth ydy'r sŵn yna?

(Mae Edmwnd yn edrych o'i gwmpas, ac yna'n rhedeg at ymyl y môr. Mae'n sylwi ar rywbeth yn bell, bell ar y tonnau.)

Edmwnd: O na! Beth sydd draw fan acw? Llongau'n nesáu! Llongau brenin Lloegr ydyn nhw ... Mae'n rhaid i mi rybuddio Owain ...

(Mae Edmwnd yn rhedeg yn ôl i'r llys, dan weiddi nerth ei ben.)

Edmwnd: Brysiwch, brysiwch, mae llongau yn ymosod. Dewch bawb, brysiwch! Ewch i rybuddio Owain. Pacio fy nghleddyf, wir!

Cewri

Owain Gwynedd

Gelynion a ffrindiau

Roedd **teyrngarwch** i frenhinoedd a thywysogion yn yr Oesoedd Canol yn amrywio'n fawr. Weithiau roedd dynion yn barod i uno â gelynion i frwydro yn erbyn eu brodyr eu hunain hyd yn oed. Digwyddodd hyn i Owain Gwynedd. Fe wnaeth Cadwaladr, brawd Owain, ochri gyda Harri II sawl gwaith.

Collodd Owain lawer o'i diroedd yng ngogledd-ddwyrain Cymru wedi iddo ildio i Harri yn 1157, ond erbyn 1164 roedd **gwrthryfel** wedi codi yng Nghymru. Nai i Owain Gwynedd, sef yr Arglwydd Rhys, oedd yn arwain y gwrthryfel i ddechrau.

Erbyn mis Tachwedd 1164, roedd y brenin Harri yn paratoi at ryfel yn erbyn y Cymry. Casglodd Owain Gwynedd ei gefnogwyr ynghyd, gan gynnwys ei frawd Cadwaladr, oedd erbyn hyn yn barod i'w gefnogi. Yno, yn gefn i Owain hefyd roedd meibion tywysog Powys, a'r Arglwydd Rhys, o'r Deheubarth.

O'r diwedd roedd y Cymry yn fodlon uno dan un tywysog, sef Owain Gwynedd.

Dyma hanes Brwydr Crogen yn ystod haf 1165.

Seren Gwynedd

Trech Tywydd Cymru, na Grym Lloegr.

'Roedd y lle'n diferu – glaw a gwaed yn gymysg ar frigau'r coed. Roedd hi'n uffern yno!'

Dyma ddisgrifiad llygad-dyst o'r frwydr enfawr fu yng Nghrogen, Dyffryn Ceiriog ddoe.

Daeth byddin fawr Harri II wyneb yn wyneb â milwyr Cymru.

Mae'n debyg i'r glaw droi maes y frwydr yn un cors o laid a baw, a methodd ceffylau rhyfel trwm y Saeson â symud. Dyna hefyd hanes y cannoedd o filwyr troed. Roedd y tywydd wedi bod mor wlyb yn y dyffryn, fel bod y lle yn fôr o fwd. Felly wrth i'r milwyr geisio symud ymlaen trwy'r dyffryn cul, roedd saethwyr y Cymry yn barod i ymosod.

Wrh sylweddoli bod y saethwyr yn cuddio'n y coed, a'u bod wedi eu cau i mewn o bob ochr gan lethrau uchel y cwm, daeth dryswch llwyr i rengoedd y Saeson. Wrth geisio dianc, roedden nhw'n suddo i'r llaid.

Rydym ni wedi clywed bod byddin enfawr Harri II wedi encilio i fynydd y Berwyn.

Rydym ni hefyd wedi clywed bod y proffwydi tywydd yn bygwth glaw a gwynt am rai dyddiau eto.

Dywedodd un o farchogion Harri eu bod wedi eu syfrdanu. Roedden nhw wedi paratoi yn drylwyr, gyda milwyr troed o'r cyfandir ac o Iwerddon ymysg eu byddin, yn ogystal â'r arfau gorau.

"Roedd y tywydd yn ein herbyn," meddai'r marchog. "Fe fydden ni wedi difetha'r Cymry yn llwyr, petai'r tywydd yn well," ychwanegodd.

Wfftiodd cynrychiolydd o fyddin Owain Gwynedd y sylwadau'n llwyr:

"Roedden ni'n hollol barod am y Saeson. Roedd ein saethwyr gorau wedi eu gosod yn y mannau cywir. Rhaid i'r Saeson ddeall, pan mae'r Cymry'n uno, rydyn ni'n **anorchfygol**. Rydyn ni'n gryfach gyda'n gilydd."

> Mae gohebydd 'Seren Gwynedd' yn deall bod Harri II wedi gwario'r swm anhygoel o £7500 i dalu am filwyr o'r cyfandir ac Iwerddon i uno yn ei fyddin. Roedd hefyd wedi prynu'r meirch gorau a'r arfau diweddaraf.

Rhai ffeithiau am elyn Owain Gwynedd

Enw	Harri II
Enwau eraill	Henry Plantagenet, Henry Curtmantle
Dyddiadau pwysig	Roedd Harri yn frenin ar Loegr a rhannau o Ffrainc rhwng 1154 a 1189.
Gelynion	Roedd gan frenhinoedd y cyfnod lawer o elynion. Gelyn arall, ar wahân i Owain Gwynedd, oedd Louis VII o Ffrainc. Roedd y ddau frenin pwerus yn brwydro i reoli tiroedd yn Ffrainc.
Iaith	Ffrangeg a Lladin. Er bod Harri II yn frenin Lloegr, ni ddysgodd siarad Saesneg erioed. Lladin oedd iaith addysg a gwleidyddiaeth yn y cyfnod.

FFUGLEN

Brwydr Crogen

Rhwng brigau'r coed, yn dawel, dawel,
mae'r dail yn murmur ar yr awel.

Rhwng brigau'r coed mae llygaid llonydd
yn gwylio'r meirch, yn chwilio'r lonydd.

Rhwng brigau'r coed, mae saethau'n barod,
i'r bysedd ollwng angau'n gawod.

Rhwng brigau'r coed mae sgrech y gigfran,
mae'r traed yn aros, llonydd, syfrdan.

Rhwng brigau'r coed mae'r cyrff yn syrthio
yn ddeiliach crin, gan orwedd yno.

A phan ddaw blagur i ddeiliach Crogen,
bydd staen o hyd rhwng brigau'r goeden.

Haf Llewelyn

Cnoi cil

Ar ôl brwydr fawr Crogen, enciliodd byddin Harri II i fynydd y Berwyn. Daeth yn storm enbyd a bu'n rhaid iddynt droi yn ôl am Loegr a rhoi'r gorau i'r ymgyrch. Ni ddaeth byddin Harri yn ôl i Gymru. Am bedair blynedd ar ôl brwydr Crogen, aeth yn ôl i Ffrainc.

Chwilio a chwalu

Beth am drafod gyda ffrind i weld a ydych chi'n cytuno gyda'r atebion? Trafodwch ble'r ydych chi'n dod o hyd i'ch ateb, os yw yn y testun.

1 Ym mha ganrif ydyn ni'n byw?

2 Pa ddau enw arall sy'n cael eu rhoi i Owain Gwynedd?

3 Pam nad ydy Edmwnd am fynd i frwydro?

4 Pa neges bwysig sy'n cael ei chyfleu ar ddiwedd yr erthygl am frwydr Crogen?

5 Sut helpodd y tywydd fyddin Owain Gwynedd adeg brwydr Crogen?

6 Beth ydy effaith yr ailadrodd yn y gerdd?

Cewri

Cewri Celtaidd

Cyn Crist ac Oed Crist

Wrth drafod hanes byddwn yn defnyddio'r llythrennau CC ac OC. Rydyn ni'n defnyddio'r Calendr Groegaidd ac yn mesur blynyddoedd o'r amser y ganwyd Iesu Grist.

CC - Cyn Crist - Dyma'r amser cyn i Iesu Grist gael ei eni.
OC - Oed Crist - Dyma'r amser wedi i Iesu Grist gael ei eni.

Rydyn ni'n byw yn yr 21ain ganrif OC.

> Roedden ni'n gwneud offer ac arfau o haearn.

> Roedden ni'n byw mewn llwythau, ac yn aml roedden ni'n adeiladu bryngaer ar ben y bryniau. O'r bryngaerau hyn gallen ni weld ymosodwyr yn dod o bell.

> Bydden ni'n ffermio a thyfu cnydau. Roedd gennym ni elynion. Roedd llwythau eraill yn ymosod weithiau. Roedd y Rhufeiniaid hefyd yn ymosod gyda'u byddinoedd trefnus.

> Yn y bryngaerau roedd tai crwn, gyda tho o wellt. Byddai gan bob llwyth ei bennaeth ei hun.

Buddug neu Boudicca

Un o benaethiaid y Celtiaid oedd Buddug. Roedd hi'n perthyn i lwyth yr Iceni, a phan fu farw ei gŵr tua OC 61 roedd y Rhufeiniaid am gymryd tir yr Iceni. Ond doedd Buddug ddim am adael i hynny ddigwydd.

Casglodd Buddug fyddin o Geltiaid ac ymosod ar y Rhufeiniaid, gan losgi eu caer, Londinium (Llundain heddiw).

Roedd Buddug yn wraig ddewr a ffyrnig, a byddai'n sefyll yn ei chert rhyfel ac yn arwain ei milwyr i'r frwydr.

Yn ôl y Rhufeiniwr Tacitus, roedd gan Buddug fyddin enfawr, ond roedd y Rhufeiniaid yn fwy trefnus. Y Rhufeiniaid felly, wnaeth ennill y frwydr, ond nid oedd Buddug am gael ei chymryd yn garcharor. Roedd yn well ganddi farw na chael ei dal.

Cewri

Buddug Bengoch a'r blaidd

'Na, wna i ddim!' Ysgydwodd Buddug ei phen nes bod ei gwallt coch, gwyllt yn sboncio i bobman. Edrychodd ar ei brawd yn flin, ei llygaid gwyrddlas yn tanio, a'r cleddyf pren yn ei llaw yn taro'r awyr.

'Na, wna i ddim mynd yn ôl i'r fryngaer. Dwi am ddod efo ti.' Ciciodd garreg ar ymyl y llwybr.

Gwyddai ei brawd Caradog nad oedd pwrpas dadlau gyda hi. Un benderfynol oedd Buddug. Fyddai hi ddim yn gwrando ar ei mam pan fyddai honno yn gofyn iddi lanhau'r llawr. Ni fyddai'n gwrando chwaith pan fyddai ei thad yn gofyn iddi lanhau'r cwt coed.

'Hy!' byddai'n wfftio, 'pam mai fi sy'n gorfod llnau o hyd? Gwaith diflas ydy llnau. Mae'n llawer gwell gen i fynd i hela'r blaidd llwyd.'

Roedd Caradog i fod i ofalu am y geifr, gan fynd â nhw allan o'r fryngaer i bori am ychydig. Roedd gofalu am y geifr yn waith pwysig. Gallai blaidd neu gi gwyllt ddod ac ymosod arnynt. Doedd Caradog ddim eisiau ei chwaer fach yno hefyd. Roedd gofalu am y geifr yn ddigon o waith.

'Os gweli di'n dda, dos yn ôl i'r fryngaer,' meddai Caradog yn glên. Efallai y byddai hynny'n gweithio yn well na gweiddi arni.

Ond nid oedd Buddug yn gwrando. Roedd hi wedi rhedeg o'i flaen ar hyd y llwybr, gan ymosod ar elynion dychmygol gyda'r cleddyf pren.

'Iaaaaww!'

Neidiodd Caradog. Beth ar wyneb y ddaear oedd yna? Rhedodd yn ei flaen gan ofni gweld Buddug ei chwaer fach yn gorwedd ar y llwybr.

Ond yn lle hynny, gwelodd gynffon lwyd yn diflannu o'r golwg.

'Whaaaaaa! Dos o'ma, yr hen flaidd drwg!' Roedd Buddug yno yn taflu cerrig ar ôl y gynffon lwyd.

'Dyna lwcus na wnes i ddim aros yn y fryngaer yn te, Caradog?'

Sbonciodd Buddug yn ei blaen ar hyd y llwybr, ei gwallt coch yn chwifio y tu ôl iddi, a'r cleddyf pren yn uchel yn yr awyr.

FFEITHIOL

Cewri cynhanes

Pwy oedd yn byw yma erstalwm?

Mae haneswyr yn aml yn **dehongli** hanes trwy edrych ar dystiolaeth y mae pobl wedi ei hysgrifennu. Ysgrifennodd y Rhufeiniaid am y Celtiaid, sef pobl gwledydd Prydain, yn OC 48. Gan nad oes unrhyw beth am Gymru wedi ei ysgrifennu cyn hyn, yna mae'n rhaid edrych ar dystiolaeth arall.

Cyn i'r Celtiaid gyrraedd gwledydd Prydain roedd pobl ryfeddol eraill yn byw yma.

Barclodiad y Gawres – Safle Neolithig

Mae Barclodiad y Gawres ar Ynys Môn yn dyddio o tua CC 3200 sef y cyfnod Neolithig. Yno daeth archeolegwyr o hyd i esgyrn dau ddyn ifanc, sydd felly yn awgrymu mai lle i gladdu pobl oedd yma. Mae Barclodiad y Gawres wedi ei adeiladu fel ystafell gyda chyntedd yn arwain i mewn i'r canol. Mae cerrig yn dal y to, ac uwchben y cwbl mae tomen o bridd. Gellir gweld y domen o bellter, ac mae archeolegwyr a haneswyr yn credu bod y llefydd hyn yn hynod o bwysig i'r bobl gynnar hyn.

Barclodiad y Gawres

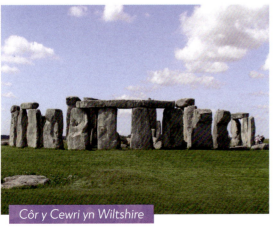

Côr y Cewri yn Wiltshire

Tystiolaeth

Mae haneswyr wedi defnyddio pob math o dystiolaeth, gan gynnwys gwaith archeolegol a phrofion Carbon 14, i ddod o hyd i fanylion am y bobl hyn.

Roedden nhw'n hela anifeiliaid a chasglu ffrwythau ac aeron i gael bwyd.

Yna, fe ddechreuodd y bobl hyn ddeall sut i ddefnyddio efydd a haearn i greu offer i'w helpu. Yn raddol roedden nhw'n dechrau aros mewn un man, ac erbyn tua CC 3500 roedd pobl gwledydd Prydain yn dechrau byw mewn **cymunedau**.

Gallwn ni weld tystiolaeth o'r cymunedau hynny o'n hamgylch heddiw. Mae cromlechi a bryngaerau i'w gweld mewn sawl rhan o Gymru.

Côr y Cewri

Un o'r strwythurau mwyaf trawiadol o'r cyfnod hwn yw Côr y Cewri, yn Wiltshire, de Lloegr. Credir iddo gael ei adeiladu mewn sawl cyfnod rhwng OC 3500 ac OC 1500. Mae'r cylch cerrig hwn yn strwythur arbennig, gyda'r cerrig anferth yn ymestyn fel cylch o gewri i'r awyr. Yn fwy rhyfeddol byth, mae archeolegwyr a haneswyr wedi darganfod bod rhai o'r cerrig gleision, sy'n pwyso tua phedair tunnell yr un, wedi dod o ardal y Preseli yn Sir Benfro – pellter o dros 150 milltir o'r safle yn Wiltshire. Sut cawson nhw eu symud yno tybed? Mae arbenigwyr yn credu y gallan nhw fod wedi cael eu symud trwy eu llusgo ar draws y tir, neu eu rhoi ar rafftiau a'u symud ar hyd y môr.

Nid yw arbenigwyr yn hollol siwr o bwrpas Côr y Cewri. Efallai iddo gael ei adeiladu i nodi safle'r haul ar doriad gwawr, ar **hirddydd haf**. Maen nhw'n gwybod ei fod, fel Barclodiad y Gawres, wedi ei ddefnyddio fel claddfa. Yn sicr, roedd Côr y Cewri yn safle nodedig ar un adeg, ac mae'n parhau yn bwysig heddiw.

Cnoi cil

Mae defnyddiau naturiol fel pren neu esgyrn yn medru cael eu dyddio trwy edrych faint o garbon 14 sydd ynddynt. Trwy ddefnyddio prawf carbon 14, mae arbenigwyr yn gallu dweud pa mor hen yw gwrthrych.

Cysgodion ddoe

Roedd hi'n noson braf, yr haul newydd fachlud dros dir gwastad Côr y Cewri, a'r cerrig **megalithig** yn ymestyn i fyny i'r awyr borffor. Tawelodd synau'r diwrnod, y gwenyn yn rhoi gorau i'w suo, a'r adar yn tawelu ar ôl llithro rhwng y dail i glwydo. Pob aderyn ond un. Ymhell yng nghrombil y clwstwr o goed gerllaw daeth sgrech y dylluan yn rhybudd mai ei thro hi oedd hi nawr i hela'r rhosdir. Swatiai'r anifeiliaid bach yng nghysgod y gwrych. Heno oedd hirddydd haf. Rywsut fe wydden nhw fod rhywbeth ar droed.

Yna'n araf, gan lithro trwy darth llwydwyll y gwyll daeth siapiau duon drwy gysgodion y coed. Hen, hen siapiau yn dilyn hen, hen lwybrau. Llwybrau eu cyn-deidiau yn nadreddu draw dros y rhosdir tua'r cewri cerrig llonydd. Siapiau cynhanes yn dod i ymweld eto â safle sanctaidd eu cyn-deidiau. Ac yna, ger y cewri cerrig, plygodd y siapiau eu pennau'n dawel ddisgwylgar, eu mentyll llwydion yn toddi i'r cysgodion. Ymhen amser daeth golau'r haul ifanc i'w cyffwrdd, ac nid oedd dim i'w weld ond ôl eu symud trwy'r brwyn.

Chwilio a chwalu

Beth am drafod gyda ffrind i weld a ydych chi'n cytuno gyda'r atebion? Trafodwch ble'r ydych chi'n dod o hyd i'ch ateb, os yw yn y testun.

1 Beth yw ystyr y llythrennau OC a CC ?

2 Pam oedd y Celtiaid yn adeiladu bryngaerau mewn llefydd uchel?

3 Pam ydych chi'n meddwl nad oedd Caradog eisiau ei chwaer fach fynd gydag e allan o'r fryngaer?

4 Sut mae haneswyr ac archeolegwyr yn darganfod gwybodaeth am y gorffennol?

5 Sawl gair cyfansawdd fedrwch chi eu nodi yn y disgrifiad 'Cysgodion ddoe'?

6 Oes safle o'r Oes Neolithig neu Oes y Celtiaid yn eich ardal chi?

Gwenllian

Dyma fap o safle brwydr fawr a ddigwyddodd yn 1136.

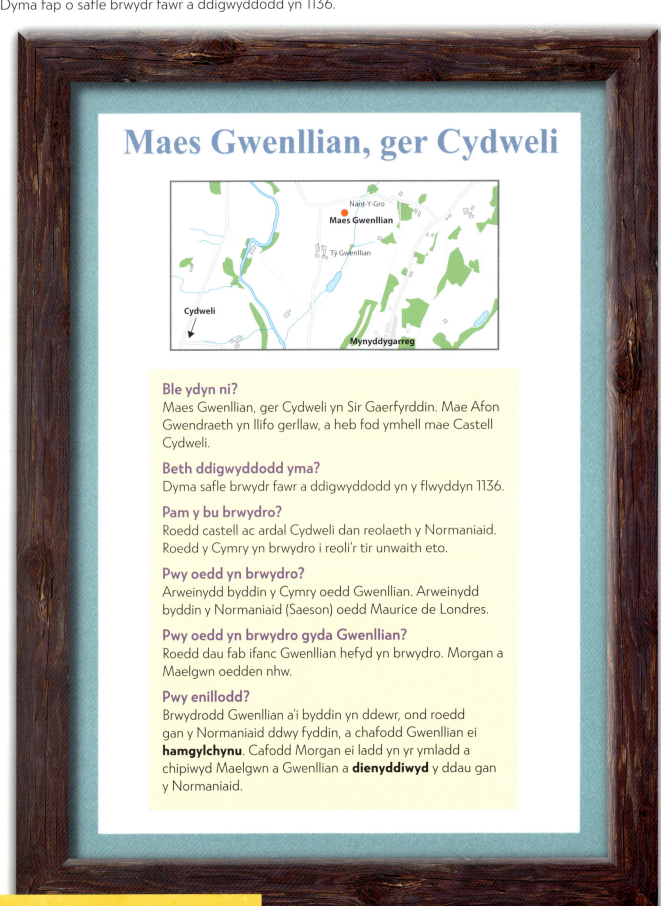

Maes Gwenllian, ger Cydweli

Nant-Y-Gro

Maes Gwenllian

Tŷ Gwenllian

Cydweli

Mynyddygarreg

Ble ydyn ni?

Maes Gwenllian, ger Cydweli yn Sir Gaerfyrddin. Mae Afon Gwendraeth yn llifo gerllaw, a heb fod ymhell mae Castell Cydweli.

Beth ddigwyddodd yma?

Dyma safle brwydr fawr a ddigwyddodd yn y flwyddyn 1136.

Pam y bu brwydro?

Roedd castell ac ardal Cydweli dan reolaeth y Normaniaid. Roedd y Cymry yn brwydro i reoli'r tir unwaith eto.

Pwy oedd yn brwydro?

Arweinydd byddin y Cymry oedd Gwenllian. Arweinydd byddin y Normaniaid (Saeson) oedd Maurice de Londres.

Pwy oedd yn brwydro gyda Gwenllian?

Roedd dau fab ifanc Gwenllian hefyd yn brwydro. Morgan a Maelgwn oedden nhw.

Pwy enillodd?

Brwydrodd Gwenllian a'i byddin yn ddewr, ond roedd gan y Normaniaid ddwy fyddin, a chafodd Gwenllian ei **hamgylchynu**. Cafodd Morgan ei ladd yn yr ymlad a chipiwyd Maelgwn a Gwenllian a **dienyddiwyd** y ddau gan y Normaniaid.

Cewri

Y darian hud

Mae Elin a Cai ar lan afon fawr. Yn sydyn mae Elin yn dod o hyd i ddarn o haearn yn gwthio o'r ddaear. Mae Elin yn ceisio ei dynnu, ac mae Cai yn dod i'w helpu. Cyn gynted ag y mae'r ddau yn cyffwrdd yn yr haearn mae'r niwl yn disgyn ac yn eu gorchuddio. Yna -

> *[Rydyn ni yn ôl yn y flwyddyn 1136]*

Elin: Waw, be sy'n digwydd?

Cai: Aros. Mae'r niwl yn clirio. Edrych, Elin - cleddyf ydy'r darn yna o haearn. Pwy oedd pia hwn 'sgwn i?

> *[Sŵn brwydro, a phobl yn gweiddi]*

Elin: Gwylia, Cai, mae'r marchog acw yn dod yn syth amdanon ni ...

Cai: Brysia, rhaid i ni fynd o'r ffordd!

Cai: Ffiw, diolch byth! Rhaid i ni swatio y tu ôl i'r graig yma.

Elin: Ond o ble mae'r milwyr yma wedi dod? *[Yna mae'n gweld enw'r cae]* O na, Cai! Wyt ti'n gwybod ble rydyn ni?

Cai: Rydyn ni wedi mynd yn ôl i ganol brwydr rhwng y Cymry a'r Normaniaid.

Elin: Waw, edrych ar y marchog acw!

Cai: Marchoges ydy hi ... Y dywysoges Gwenllian ydy hi! Edrych arni - mae hi'n edrych mor ffyrnig.

Elin: Hwrê, Gwenllian! Ti ydy fy arwres i *[Mae Elin yn codi ac yn rhuthro i ganol y frwydr.]* Dyma fi'n dod, Gwenllian!

Elin: *[gan godi'r cleddyf uwch ei phen]* Waaa! Ewch o 'ma! Rydyn ni am ennill castell Cydweli. Dos o'ma, yr hen Norman drewllyd!

Cai: Dyma ti, Elin. *[Mae Cai yn taflu tarian i Elin.]*

> *[Mae Elin yn dal y darian ac yn ei rhoi o'i blaen cyn i gleddyf y Norman ei tharo.]*

Elin: Waw! Diolch, Cai. Roedd hynna'n agos. Hei, beth sy'n digwydd?

> *[Mae'r niwl yn disgyn eto, a does dim i'w weld ond y darian yn disgleirio.]*

Cai: Mae'n rhaid mai tarian hud oedd honna.

Elin: Tarian Gwenllian!

> *[Mae Cai ac Elin yn ôl wrth yr afon a dim sôn am y brwydro.]*

Cai: Mae tarian Gwenllian wedi ein hachub ni, Elin.

Elin: Gwenllian fydd fy arwres i am byth!

FFEITHIOL

Gwenllian – tywysoges ac arwres

Roedd Gwenllian yn **hanu** o deulu o dywysogion a brenhinoedd. Ar ochr ei thad, gallai **olrhain** ei theulu yn ôl i deulu brenhinol Iwerddon a theulu o dywysogion Cymru. Parhaodd ei theulu i fod yn dywysogion ar Gymru am sawl cenhedlaeth. Dyma ei choeden deulu:

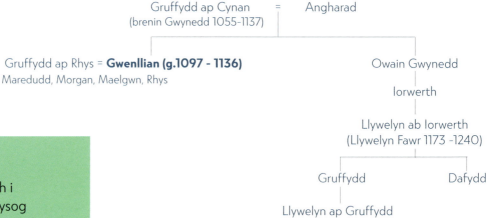

Gruffydd ap Cynan (brenin Gwynedd 1055-1137) = Angharad

Gruffydd ap Rhys = **Gwenllian (g.1097 - 1136)**
Maredudd, Morgan, Maelgwn, Rhys

Owain Gwynedd

Iorwerth

Llywelyn ab Iorwerth (Llywelyn Fawr 1173 -1240)

Gruffydd   Dafydd

Llywelyn ap Gruffydd (Llywelyn ein Llyw Olaf, 1225-1282)

Dros ei ben a'i glustiau

Roedd Gwenllian yn ferch i Gruffydd ap Cynan, Tywysog Gwynedd, a chafodd ei geni a'i magu yn Llys Aberffraw - llys tywysogion Gwynedd ar Ynys Môn. Roedd Gwenllian yn ferch drawiadol iawn, nid yn unig oherwydd ei bod yn ferch hardd dros ben, ond roedd hi hefyd yn ferch benderfynol a llawn brwdfrydedd. Nid oedd unrhyw beth yn ormod o drafferth i Gwenllian. Roedd ei rhieni wedi sicrhau ei bod yn cael addysg dda, a gallai drin cleddyf hefyd.

Roedd Cymru dan ymosodiad gan y Normaniaid yn y cyfnod hwn. Roedd Gruffydd ap Cynan yn brwydro yn eu herbyn yng ngogledd Cymru, ac yn yr un modd roedd y tywysog Gruffydd ap Rhys wedi colli rhan fawr o'i diroedd yn y de i'r Normaniaid.

Yna yn 1113 teithiodd Gruffydd ap Rhys o'r de, yr holl ffordd i Aberffraw, i gyfarfod Gruffydd ap Cynan. Roedd am gael cyngor ar sut i gael ei diroedd yn ôl o afael y Normaniaid.

Pan welodd Gruffydd ap Rhys y dywsoges ifanc Gwenllian, syrthiodd dros ei ben a'i glustiau mewn cariad â hi. Mynnodd Gwenllian fynd gyda Gruffydd ap Rhys yn ôl i'r de.

Cartref yn y coed

Yn wahanol iawn i gartref ei phlentyndod, nid llys cyfforddus oedd cartref Gwenllian gyda Gruffydd ap Rhys. Roedd y Normaniaid wedi dwyn tiroedd Gruffydd ap Rhys, a bu'n rhaid iddo ef a'i wraig ifanc adael castell braf Dinefwr, a chuddio mewn lloches ynghanol y coed, ymhell o olwg y gelyn. Ganwyd pedwar mab iddynt - Maredudd, Morgan, Maelgwn a Rhys. Byddai Gruffydd ap Rhys yn parhau i ymosod ar y Normaniaid yma ac acw ac yn aml byddai Gwenllian wrth ei ochr yn y brwydro.

Brwydr Maes Gwenllian

Tra roedd Gruffydd ap Rhys, gŵr Gwenllian, yn y gogledd, roedd Maurice de Londres, y Norman, yn bygwth y Cymry. Nid oedd amser i aros i Gruffydd ap Rhys ddychwelyd, felly ymunodd dau fab ifanc Gwenllian â hi, gan gasglu byddin o Gymry at ei gilydd. Roedd Maelgwn a Morgan, fel eu mam, yn barod i geisio cadw'r môr o Normaniaid rhag boddi tiroedd Cymru.

Roedd byddin de Londres yn barod gyda'r arfau gorau, ac yn llawer mwy niferus na byddin fach y Cymry, a chafodd byddin Gwenllian ei threchu. Lladdwyd Gwenllian a'i meibion gan Maurice de Londres.

Fodd bynnag, am ganrifoedd wedi hynny, roedd enw Gwenllian yn ysbrydoli milwyr, gan iddi frwydro'n ddewr, a bod yn barod i wynebu'r gelyn, doed a ddêl.

FFUGLEN

Ar y tŵr

Castell Cydweli

Gam wrth gam, mae traed yn atsain ar y tŵr. Gwrandewch, efallai y clywch chi'r cerrig yn sibrwd cyfrinachau ar dyrau Cydweli. Daw'r glaw i mewn yn finiog ar wyneb fel picelli bychain. Fe ddylai fwrw yma. Glaw yn genlli. Yma bu'r brad, ac mae gan gerrig gof hir. Yn gymysg â'r glaw mae sŵn taro carnau'r ceffylau, eu pedolau'n dyrnu Maes Gwenllian, yr arfau'n **clindarddach** drwy'r canrifoedd.

Yma bu rhai yn sefyll, yn barod, yn aros am eu **tranc**. Ffyliaid? Efallai. Doedd dim gobaith gorchfygu'r Norman. Hwnnw a'i **rwysg** a'i drefn, a grym holl arfau ei frenhiniaeth ganddo. Beth oedd gennyt ti, Gwenllian?

Dim. Dim ond dewrder. Yno'n sefyll, a fflam rhyw hen, hen **wareiddiad** yn llifo trwy dy waed. Arwres.

Cnoi cil

Roedd mab ieuengaf Gwenllian, Rhys, yn bedair oed pan laddwyd ei fam. Daeth y bachgen bach hwn yn ddiweddarach i gael ei adnabod fel Yr Arglwydd Rhys, tywysog y Deheubarth. Yn 1176 cynhaliodd yr Arglwydd Rhys yr Eisteddfod Genedlaethol gyntaf yn ei lys yn Aberteifi.

Chwilio a chwalu

Beth am drafod gyda ffrind i weld a ydych chi'n cytuno gyda'r atebion? Trafodwch ble'r ydych chi'n dod o hyd i'ch ateb, os yw yn y testun.

1 Enwch ddwy nodwedd sydd ger Maes Gwenllian.

2 Pam aeth Gwenllian i frwydr yn erbyn y Normaniaid ar Faes Gwenllian?

3 Beth sydd yn digwydd pan mae Elin a Cai yn cyffwrdd â'r cleddyf?

4 Beth oedd y sbardun a wnaeth i Gruffydd ap Rhys a Gwenllian godi eu harfau yn erbyn y Normaniaid yn 1136?

5 Chwiliwch am ddwy ffaith am yr Eisteddfod Genedlaethol. Fedrwch chi ddod o hyd i fwy o wybodaeth am yr Eisteddfod dros y canrifoedd?

6 Yn y disgrifiad, mae'r awdur yn dweud bod y 'cerrig yn sibrwd'. Mae'r awdur yn personoli, sef yn rhoi nodweddion person i wrthrych. Ewch ati i greu brawddegau sy'n dangos enghraifft o bersonoli.

Gwaith, gwaith, gwaith

Wyt ti'n cael arian poced gan rywun am wneud gwaith o amgylch y tŷ? Efallai mai dy waith di yw clirio'r bwrdd bwyd, neu fynd â'r ci am dro. Erstalwm roedd plant tlawd yn *gorfod* gweithio.

Ar ddechrau Oes Victoria roedd plant mor ifanc â phum mlwydd oed yn gorfod gweithio. Roedd rhai teuluoedd yn dlawd iawn, felly roedd y plant yn gallu helpu trwy gael ychydig o arian am weithio. Yn aml roedd y gwaith yn anodd a pheryglus.

Ar ddechrau Oes Victoria, nid oedd deddfau i amddiffyn plant. Nid oedd ganddyn nhw hawliau fel sydd gan blant heddiw. Roedd rhai pobl yn ceisio pasio deddfau i amddiffyn plant.

Gweithio yn y pwll glo

Byddai plant yn gweithio yn y pwll glo. Roedden nhw yn gwthio tryciau llawn glo i fyny trwy'r twneli i'r wyneb. Roedd rhai plant yn eistedd trwy'r dydd yn y tywyllwch yn agor a chau drws y twnnel. Roedd yn waith diflas a pheryglus iawn. Roedd y twneli yn dywyll, oer a gwlyb. Byddai'r plant yn aml yn mynd yn sâl iawn, neu yn cael eu hanafu yn ddrwg.

Rhai rheolau pwysig sy'n **amddiffyn** plant a phobl ifanc heddiw:

- rhaid bod yn 16 oed cyn cael gweithio yn llawn amser;
- rhaid bod yn 13 oed cyn cael gweithio yn rhan amser;
- mae plant dan 13 oed yn cael perfformio, e.e. mewn theatr, ond rhaid cael trwydded arbennig.

Yr Arglwydd Shaftesbury - un o'r rhai fu'n gweithio i basio deddf 1842 i **wahardd** cyflogi merched, plant a bechgyn dan 10 oed i fynd i weithio o dan y ddaear.

plant yn gweithio yn y pwll glo

Breuddwydio am y sêr

Un swydd roedd plant yn ei gwneud oedd glanhau'r simdde. Roedd simneiau uchel ar nifer o adeiladau mawr, ac roedd yn rhaid eu glanhau.
Dyma hanes un:

> Tyrd, Pero, awn ni am dro. Fe gaf i bunt gan Dad wedyn!

> Be? Punt am fynd am dro? O, am braf! Dydw i ddim yn cael fy nhalu o gwbl.

> Be wyt ti'n wneud?

> Glanhau'r simdde i Mr White.

> Faint ydy dy oed di?

> Rydw i bron yn wyth oed.

> Ers pryd wyt ti'n gweithio fel glanhawr simdde?

> Rydw i'n gwneud hyn ers fy mod i'n chwech oed. Plant bach yw'r gorau i wneud y gwaith, oherwydd rydyn ni'n ddigon bach i wthio trwy'r simdde. Weithiau mae'r gofod yn gul iawn.

> Ond mae'n rhaid bod Mr White yn dy dalu di?

> Na. Mae Mam a Dad yn dlawd iawn, ac mae gen i chwech brawd a dwy chwaer. Felly does gan Mam a Dad ddim arian i roi bwyd a dillad i mi. Rhoddodd Mr White arian iddyn nhw amdana i. Ond mae'n rhaid i mi weithio iddo am ddim.

> Mae hynna'n ofnadwy! Sut waith ydy glanhau'r simdde?

> Wel, mae'n waith peryglus iawn. Mae'n rhaid dringo trwy'r simdde i frwsio'r **huddugl** i lawr. Mae'r huddug yn mynd i fy llygaid a fy ngwddf. Bryd hynny rwy'n mygu. Unwaith fe wnes i ddisgyn i lawr y simdde a chrafu fy mraich yn ddrwg.

> O, wna i byth gwyno am helpu Dad a Mam eto. Na wnaf wir!

> Fe hoffwn i fod fel ti. Yn y nos, mi fyddaf i'n edrych i fyny ar y sêr, ac yn breuddwydio... Efallai rhyw ddiwrnod fe gaf innau chwarae yn yr awyr iach.

Cnoi cil

Fel arfer byddai bechgyn bach y simdde yn cysgu mewn seler ar y sachau huddug.
Byddai'r meistr yn gwerthu'r huddug i ffermwyr i'w roi ar y tir fel **gwrtaith**.

FFEITHIOL

Gwaith, gwaith, gwaith

Robert Owen

Rheolwr ffatri oedd Robert Owen. Yn wahanol i'r rhan fwyaf o feistri'r cyfnod, roedd Robert Owen yn gofalu am ei weithwyr.

Y Chwyldro Diwydiannol

Cyn diwedd yr 1700au roedd gwledydd Prydain yn llawn o drefi cymharol fach a phentrefi gwledig a ffermydd. Roedd tua 80% o'r boblogaeth yn byw a gweithio yng nghefn gwlad. Ond gyda pheiriannau yn dod yn fwy effeithiol, tyfodd gweithfeydd mawr fel y gwaith dur a gwaith glo. Tyrrodd pobl o'r wlad i mewn i'r trefi a'r dinasoedd i chwilio am waith.

Yn aml roedd y gweithwyr hyn yn bobl dlawd iawn oedd wedi symud i chwilio am fywyd gwell. Ar y llaw arall, roedd perchnogion y gweithfeydd hyn - y meistri glo a dur – yn bobl gyfoethog iawn, ac nid oedd gofalu am sefyllfa eu gweithwyr yn poeni llawer arnynt.

Pawb i weithio neu ... lwgu

Hefyd oherwydd tlodi, roedd plant ifanc iawn yn aml yn cael eu gorfodi i weithio. Ar ddechrau'r 1800au nid oedd deddfau i amddiffyn gweithwyr na phlant. Gallai'r meistri drin eu gweithwyr fel y mynnent. Yn y melinau gwlân a lliain byddai plant bach iawn yn gorfod gwthio o dan y peiriannau mawr pan oedd rhywbeth yn mynd o'i le â'r peiriant. Weithiau byddai'r plentyn yn cael ei niweidio neu ei ladd, trwy fynd yn sownd yn y peiriant.

Mewn trefi fel Merthyr Tudful, roedd y gweithwyr yn gweithio am oriau hir yn y gwaith dur, am ychydig iawn o arian. Roedd bywyd yn galed iawn. Weithiau byddai siopau arbennig yn cael eu hagor gan y meistri, y 'siopau cwmni'. Byddai'r gweithwyr yn cael math o docyn fel tâl, a'r unig le y gallai'r gweithwyr wario'r tocyn oedd yn siop y cwmni. Roedd yn gas gan y gweithwyr y siopau hyn - roeddent yn cael eu gorfodi i brynu pethau o safon isel yno, yn aml am bris uchel iawn.

Enw:	Robert Owen
Dyddiadau:	Cafodd ei eni yn 1771 yn Y Drenewydd a bu farw yn 1858, hefyd yn Y Drenewydd.
Cefndir:	Roedd ei dad yn gwneud gwaith lledr a haearn, ac roedd ei fam yn dod o deulu o ffermwyr.
Gwaith:	Cafodd waith fel prentis mewn siop teiliwr pan oedd yn 10 oed. Yna aeth yn ei flaen i reoli melinau cotwm a ffatrïoedd eraill.
Enwog am:	Rooedd gan Robert Owen syniadau blaenllaw am les gweithwyr a thegwch o fewn y byd gwaith.

Roedd Robert Owen yn wahanol i'r meistri arferol, ac roedd yn benderfynol o wella safon byw a safle'r gweithwyr a'u teuluoedd.

Poblogaeth Merthyr Tudful

1801 -	7,700
1831-	27,000

New Lanark

Roedd Robert Owen wedi gweld sut roedd meistri yn trin eu gweithwyr, ac roedd yn benderfynol o fod yn feistr teg. Roedd melinau lliain yn New Lanark yn yr Alban, a phan aeth Robert Owen yno yn rheolwr sicrhaodd fod y gweithwyr yn cael eu trin yn deg.

Yn New Lanark:
- nid oedd plant dan 10 oed yn cael gweithio;
- roedd meithrinfa yno lle byddai merched yn gallu gadael eu plant i gael gofal;
- roedd ysgol ar gyfer y plant ieuengaf (yr ysgol plant bach gyntaf yn y byd);
- roedd gwersi min nos ar gyfer yr oedolion fel eu bod yn cael dysgu darllen ac ysgrifennu;
- roedd gofal meddygol ar gael i'r gweithwyr a byddent yn cael gofal pan fyddent yn sâl;
- roedd siop cwmni yn gwerthu nwyddau am brisiau isel iawn, ac roedd y nwyddau o safon uchel;
- roedd tai y gweithwyr o safon da, ac yn gysurus.

Oherwydd pwysau gan bobl fel Robert Owen a Shaftesbury roedd y gwleidyddion yn dechrau deffro i'r sefyllfa druenus oedd yn wynebu gweithwyr Oes Victoria, a phasiwyd deddfau i geisio gwella'r sefyllfa.

Deddf y Ffatrïoedd 1833

Plant dan 9 oed ddim i weitho mewn ffatri tecstiliau
Plant dan 11 oed i gael 2 awr o addysg bob dydd
Plant 9-13 oed i weithio dim mwy na 9 awr y dydd, a dim mwy na 48 awr bob wythnos
Roedd archwilwyr yn ymweld â'r ffatrïoedd i sicrhau bod y ddeddf yn cael ei chadw, ond nid oedd hyn yn digwydd yn aml.

Cewri

Brecwast Huwcyn Bach

Cododd Huwcyn ar ei benelin. Roedd wedi cysgu'r nos yn y gornel wth y **palis**, rhwng y gegin a'r stafell gefn - mor bell ag y gallai o'r drws simsan. Taflodd yr hen flanced wlân fudur i un ochr. Doedd hi fawr o werth, gan mor frau a thyllog oedd hi. Teimlai'n oer, fel petai'r rhewynt wedi treiddio i'w esgyrn, a theimlai ei goesau yn drwm. Rhwbiodd ei lygaid cysglyd, gan geisio cynefino â'r golau gwan a ddeuai i mewn rhwng y 'styllod pren a orchuddiai'r ffenestr.

Cododd yn araf a simsan. Roedd yn rhaid symud - byddai'n helynt arno petai'n hwyr yn cyrraedd y felin. Roedd yna boen yng ngwaelod ei fol yn rhywle. Gwyddai pe byddai'n medru cael rhywbeth i'w fwyta y byddai pethau'n well. Edrychodd ar y siâp du yn gorwedd ar y setl yn y gornel. Gwrandawodd. Dim smic. Oedd o'n fyw tybed? Aeth yn nes, yn dawel ar flaenau ei draed. Nid oedd am ei ddeffro. Roedd y cysgod o dan y dillad yn dal i gysgu'n drwm, diolch byth. Llithrodd Huwcyn yn dawel draw at y cwpwrdd, ac agor y drws gan weddïo na fyddai'n gwichian. Gwyddai cyn gwneud nad oedd pwrpas chwilio. Fyddai yna ddim yno, wrth gwrs, dim hyd yn oed cornel crystyn sych.

Yna heb smic, aeth allan trwy'r cefn. Roedd y stryd yn dechrau deffro. Crwydrodd heibio i ambell siop, cyn aros wrth y siop groser gyda'r silffoedd uchel, llawn. Rhythodd trwy'r ffenestr a gwylio'r siopwr yn gosod ei nwyddau'n ofalus ar y cownter uchel, y nwyddau oedd angen eu pwyso a'u lapio.

Cripiodd heibio'r gornel, fel llafn o wynt oer yn llithro i mewn o dan y drws. Welodd neb mohono. Gwelodd neb ei fysedd esgyrnog yn estyn am y clapyn caws a'i gipio fel byddai anifail gwyllt yn cipio ei ysglyfaeth, cyn ei guddio ym mhlygiadau tenau ei got.

Gwyddai na allai fynd adre heb rywbeth i'w gyfrannu. Fyddai pethau ddim yn dda arno.

Fe ddylai Huwcyn fod wedi llithro yn ôl trwy'r drws wrth gwrs, ond arhosodd am eiliad, dim ond eiliad fach, i syllu ar y jariau lliwgar a estynnai tua'r nenfwd. Jariau yn llawn siwgr a llawenydd. Welodd y siopwr ddim y freuddwyd yn ei lygaid, dim ond siâp crwn y clapyn caws o dan ei got.

"Aha, beth sydd gen ti yn fan yna?" ysgyrnygodd, a'i law fawr yn gafael am ysgwydd esgyrnog Huwcyn Bach.

"Dim byd, syr ..." Gwingodd Huwcyn.

"Dim byd, wir! Y cnaf digywilydd!" bloeddiodd hwnnw, a chyn i Huwcyn fedru gwneud dim roedd y siopwr wedi agor y drws a galw ar Giard oedd yn mynd heibio.

Doedd dim dianc i fod heddiw.

"A beth sydd gennych chi yn fan yna, Syr?" Crechwenodd y Giard. "Llygoden fawr ie?"

A chwarddodd y siopwr a'r Giard dros y stryd.

Trodd ambell un i edrych ar Huwcyn yn sownd yng ngafael cadarn y siopwr.

"Dwyn caws, ie?" Gafaelodd y Giard yn y clapyn caws a'i roi yn ei boced. Yna gafaelodd yng ngholer cot Huwcyn Bach a theimlodd hwnnw ei hun yn cael ei godi a'i lusgo i gyfeiriad gorsaf yr heddlu a'r gell fach ddu.

"Yn y wyrcws mae lle cnafon fel ti, nid ar y stryd ynghanol bobl barchus," gwaeddodd.

Suddodd calon Huwcyn Bach wrth glywed taran y drws dur yn cau y tu ôl iddo.

Chwilio a chwalu

Beth am drafod gyda ffrind i weld a ydych chi'n cytuno gyda'r atebion? Trafodwch ble'r ydych chi'n dod o hyd i'ch ateb, os yw yn y testun.

1 Pam oedd plant yn gweithio yn Oes Victoria?

2 Pa oed y cewch chi fynd i weithio (ac eithrio gartref) i gael ychydig o arian i'w wario?

3 Pam mai plant bach oedd yn gweithio fel glanhawyr simdde?

4 Pam tyfodd ardaloedd fel Merthyr Tudful yn drefi diwydiannol mawr?

5 Dangoswch yr wybodaeth am Ddeddf Ffatrïoedd 1833, ar ffurf wahanol.

6 Trafodwch beth fydd yn digwydd i Huwcyn Bach nesaf. Ewch ati i lunio diwedd gwahanol i'r stori.

Cewri

Rhyfelwyr tiroedd y Paith

Lozen

Roedd Lozen yn ferch ryfeddol. Roedd hi'n ymladdwr dewr, ac roedd amddiffyn ei phobl yn bwysig iawn iddi. Un o lwyth yr Apache oedd hi, sef un o lwythi **pobl frodorol** gogledd America. Cyn i bobl Ewrop gyrraedd cyfandir America, roedd y bobl frodorol yn byw yno. Helwyr oedden nhw, yn gofalu am y ddaear, ac yn parchu'r amgylchfyd.

Yna cyrhaeddodd pobl Ewrop. Roedden nhw am ddwyn tiroedd yr Apache a'r bobl frodorol eraill. Nid oedd Lozen am adael i hynny ddigwydd. Fel arfer byddai'r merched yn gwneud gwaith fel casglu aeron i wneud bwyd, neu ofalu am y cartref. Ond roedd Lozen eisiau bod yn rhyfelwraig.

Wyt ti am ddod i helpu i wneud basged, Lozen?

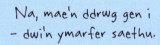

Na, mae'n ddrwg gen i – dwi'n ymarfer saethu.

Tarian ei phobl

Ganwyd Lozen tua 1840 i lwyth yr Apache Chiricahua. Ei brawd Victorio oedd pennaeth y llwyth. Pan oedd Lozen yn ifanc ymosododd byddin Unol Daleithiau America ar ei llwyth a gwelodd ei phobl yn cael eu camdrin a'u lladd. Penderfynodd Lozen y byddai hi'n sefyll gyda'i brawd i'w hamddiffyn.

Cafodd y llwyth eu hel i wersyll arbennig i fyw. Roedd y gwersyll yn lle ofnadwy. Doedd neb yn hapus yno. Penderfynodd y llwyth ddianc oddi yno. Wrth ddianc roedd yn rhaid croesi afon ddofn. Roedd pawb yn meddwl ei bod hi ar ben arnyn nhw, achos roedd yr afon yn llifo'n gyflym. Ond sbardunodd Lozen ei cheffyl ymlaen drwy'r dŵr. Dilynodd pawb hi yn ddiogel. Daeth Lozen yn arwres. Roedd hi'n gofalu am ei phobl ac fel tarian yn eu hamddiffyn rhag y gelyn.

Cnoi cil

Mae'n debyg mai'r Sbaenwyr, dan arweiniad Christopher Columbus, oedd yr Ewropeaid cyntaf i lanio ar diroedd America, a hynny yn 1492.

Cân Lozen

Nid oedd Lozen yn fodlon aros yn y gwersylloedd lle'r oedd yr Apache wedi cael eu carcharu gan fyddin yr Unol Daleithiau. Arweiniodd hi nifer o bobl allan o'r gwersyll.

Mae'n well gen i ymarfer saethu
na brwsio gwallt a dysgu plethu.

Mae'n well gen i ddal pysgod arian
na throi y cawl, a siglo'r baban.

Mae'n well rhoi naid ar geffyl bywiog
na thrwsio tyllau'r dillad carpiog.

Gwell gennyf fyddai yfed gwenwyn
na phlygu glin o flaen y gelyn.

Haf Llewelyn

Chwilio a chwalu

Beth am drafod gyda ffrind i weld a ydych chi'n cytuno gyda'r atebion? Trafodwch ble'r ydych chi'n dod o hyd i'ch ateb, os yw yn y testun.

1 I ba lwyth o bobl oedd Lozen yn perthyn?

2 Pam nad oedd hi am aros gartref i gasglu aeron a phlethu basged?

3 Pam mae'r pennawd yn galw Lozen yn 'Tarian ei phobl'?

4 Beth ydy arwyddocâd y pennawd 'Ysgwyd y coed i hel y cnau'?

5 Soniwch am fanteision y tipi.

6 Oes gan y bobl frodorol neges bwysig i ni heddiw? Beth yw'r neges honno?

Cewri

Rhyfelwyr tiroedd y Paith

Ysgwyd y coed i hel y cnau

Roedd pobl frodorol America wedi eu rhannu yn llwythi, gyda'u penaethiaid eu hunain ac arferion arbennig. Yn aml roedd y llwythi hyn yn nomadig, yn crwydro o le i le, gan ddilyn symudiad y byfflo. Roedd y byfflo yn bwysig iawn iddynt, gan ei fod yn ffynhonnell bwyd a lledr. Roedd pobl frodorol America yn byw ar y tir, ac roeddent yn parchu eu hamgylchfyd. Roeddent yn sylweddoli bod tir a daear iach a ffrwythlon yn **hanfodol** i **ddarparu** bwyd a defnyddiau **angenrheidiol** iddynt.

> Pan fyddwn ni yn lladd anifail, byddwn ni'n defnyddio pob rhan ohono, heb wastraffu dim. Pan fyddwn ni angen cnau, byddwn ni'n ysgwyd y goeden i gasglu'r cnau. Fyddwn ni ddim yn torri'r goeden i gael pren, rydyn ni'n defnyddio'r pren marw.
> Ond mae'r dyn gwyn yn tyrchu'r tir, yn torri'r coed, yn lladd a llosgi.. Ymhob man lle bu'r dyn gwyn, yna mae'r ddaear yn friw...
>
> Gwraig o lwyth y Wintu
> 19eg ganrif.

Y tipi

Er mwyn gallu crwydro ar draws y **gwastatir** yn dilyn y byfflo, roedd yn rhaid i'r bobl frodorol fedru codi eu pac yn sydyn. Roedd yn rhaid felly gael cartref oedd yn hawdd i'w godi a'i dynnu i lawr. Nodweddion y tipi:

- roedden nhw wedi eu gwneud o ledr y byfflo, ac felly yn gynnes yn y gaeaf ac yn oer ym misoedd poeth yr haf;
- roedd y siâp crwn yn gwrthsefyll gwyntoedd cryfion fyddai'n chwythu dros y gwastatiroedd;
- roedd y siâp crwn yn nodwedd bwysig ym mywyd y bobl frodorol, gan eu bod nhw'n credu bod bywyd yn un cylch mawr.

Goyathlay neu Geronimo

Pan ddaeth y dyn gwyn o Ewrop i wladychu America, newidiodd bywyd y bobl frodorol yn llwyr. Ceisiodd penaethiaid y llwythi ddod i ddealltwriaeth â llywodraeth UDA. Roedden nhw ar y naill law am gadw at eu harferion, ond ar y llaw arall roedden nhw weithiau yn fodlon rhannu eu tiroedd gyda'r pobl newydd.

Roedd eu sefyllfa yn anodd iawn, gan fod yr Americanwyr modern am ddatblygu'r tir, trwy greu ffermydd anferth, agor mwynfeydd, torri coedwigoedd, a thyllu'r ddaear er mwyn adeiladu rheilffyrdd a ffyrdd.

Roedd ffordd o fyw y bobl frodorol yn cael ei fygwth, a bu sawl brwydr rhwng y bobl frodorol a llywodraeth UDA.

Un o'r penaethiaid olaf fu'n ddraenen yn ystlys y llywodraeth oedd gŵr o'r enw Goyathlay, neu Geronimo. Ganwyd Geronimo yn 1829 yn México, a daeth yn bennaeth ar lwyth yr Apache Chiricahua, oedd yn crwydro tiroedd de-orllewin America a México. Nid oedd Geronimo yn fodlon derbyn bod y dyn gwyn yn dwyn tiroedd, a byddai'n aml yn arwain **cyrch** ar wersylloedd y dyn gwyn. Yna yn 1858 lladdwyd ei fam, ei wraig a thri o'i blant gan griw o filwyr gwyn. Torrodd hyn ei galon a chryfhaodd ei awydd i ddial ac i frwydro yn erbyn yr anhegwch oedd yn cael ei ddangos i'w bobl.

Arweiniodd Geronimo sawl cyrch ar wersylloedd y fyddin dros y blynyddoedd, ond erbyn 1874, danfonwyd 4,000 o bobl yr Apache i fyw ar diroedd llwm i wersyll o'r enw San Carlos yn Arizona. Nid oedd dim yno i'r bobl ei wneud - roedd y tir yn anffrwythlon ac roedd yr Apache yn hiraethu am eu tiroedd eu hunain. Trodd y bobl at Geronimo, ac arweiniodd ef hwy allan o'r gwersyll. Bu llawer o dywallt gwaed yn dilyn hyn.

Er iddo gael ei orfodi i fyw o fewn gwersyll y dyn gwyn, ac iddo farw mewn gwersyll yn 1909, mae Geronimo yn dal i gael ei ystyried yn un o brif arwyr y bobl frodorol, a'r olaf o benaethiaid dewr yr Apache.

Crazy Horse (1840-1877)

Arweinydd y Sioux o ardal de Dakota oedd Crazy Horse. Roedd yn bennaeth **eofn**, ac arweiniodd ac ennill brwydr enwog yn Little Big Horn yn erbyn Llywodraeth UDA, oedd am anfon ei bobl i wersyll. Lladdwyd ef gan filwyr UDA mewn brwydr yn 1877.

Cewri

Doethineb

Mae'r bobl frodorol wedi rhybuddio ar hyd y canrifoedd y dylen ni ofalu am y ddaear. Dyma ddau ddyfyniad doeth:

Pan na fydd coeden ar ôl yn sefyll, pan na fydd anifail ar ôl heb ei hela, pan fydd ein hafonydd i gyd yn wenwyn, pan fydd yr awyr i gyd yn llawn nwy afiach, dim ond bryd hynny y gwnei di sylweddoli cyfaill na fedri di fwyta arian ...

Hen ddihareb llwyth y Cree

Pwy yw'r rhai anwar?

Doeddech chi ddim yn deall ein gweddïau, wnaethoch chi ddim ceisio deall. Pan oedden ni'n canu cân o fawl i'r haul, y lleuad neu'r awel fach, roeddech chi'n wfftio, yn dweud ein bod yn addoli **eilunod**. Heb geisio deall, fe wnaethoch chi ein galw ni yn **anwariaid** am nad oedd ein dull ni o foli yr un fath â'ch dull chi.

Ond roedden ni'n gweld llaw yr Ysbryd Mawr ymhob man, ac ym mhopeth, yn yr haul, y lleuad, y sêr, y coed a'r afonydd. Ydy hynny yn anghywir? Nid yw'r dyn sy'n byw yn agos at natur yn byw mewn tywyllwch.

Wyddost ti fod coed yn siarad? Maen nhw weithiau'n siarad, ac os gwnei di wrando, efallai y gelli di glywed eu cyfrinachau. Ond dwyt ti ddim yn gwrando. Wnaethoch chi ddim gwrando ar ein lleisiau ni, felly mae'n debyg na wnewch chi wrando ar leisiau natur chwaith. Ond fe wnes i ddysgu llawer gan goed - dysgais am y tywydd, dysgais am yr anifeiliaid, a dysgais am yr Ysbryd Mawr ei hun ...

Tatanga Mani neu Walking Buffalo (1871 - 1967)

Cnoi cil

Beth sydd mewn enw? Mae traddodiad pobl frodorol America o enwi eu plant yn un diddorol. Bydd baban bach yn cael ei enwi, a bydd yr enw yn aml yn un disgrifiadol. Ond fel bydd y plentyn yn tyfu, gall dderbyn enw newydd. Bydd yr enw yn newid gyda chymeriad a gweithredoedd y person.

Cewri

Cewri chwedlonol

Mae llond lle o storïau ar gael am gewri. Mae'r rhan fwyaf o'r storïau am gewri drwg a chreulon iawn. O ble mae'r storïau hyn wedi dod? Mae llawer ohonyn nhw'n hen iawn, iawn.

Beth ydy dy waith di?

Fyddwch chi'n mwynhau gwylio ffilmiau? Beth am fynd i'r sinema, prynu bocs anferth o bopcorn a swatio i wylio ffilm gyffrous. Waw!

Wel, ganrifoedd yn ôl, roedd ein **cyndeidiau** yn mwynhau yr un peth yn union. Wel, doedden nhw ddim mewn sinema, a doedd ganddyn nhw ddim popcorn, mae'n debyg.

Ond ar nosweithiau oer yn y gaeaf fe fydden nhw'n dod at ei gilydd i wrando ar storïau. Yn aml bydden nhw'n dod at ei gilydd i dŷ'r pennaeth, neu i lys y tywysog, a byddai storïau yn cael eu dweud. Byddai'r stori yn cael ei dweud gan ddyn o'r enw 'y **cyfarwydd**'. Ei swydd e oedd mynd o amgylch y wlad, o le i le, yn adrodd straeon.

Cnoi cil

Ysgrifennwyd y stori *The BFG* gan yr awdur Roald Dahl. Mae'n sôn am gawr cyfeillgar, ac yn ôl pob tebyg, dyma hoff stori'r awdur.

Bendigeidfran

'Un tro, amser maith yn ôl ...'
Daw stori Bendigeidfran y cawr o chwedl enwog iawn yng Nghymru. Enw'r chwedl yw 'Branwen ferch Llŷr', ac mae'n rhan o'r Mabinogi. Mae'n hen, hen stori fyddai'n cael ei dweud gan y cyfarwydd.

Angen ar unwaith –
Storïwr neu Gyfarwydd

Wyt ti'n gallu dweud stori'n dda?

Wyt ti'n gallu cadw pawb ar bigau?

Oes gen ti gof da?

Oes gen ti bâr o esgidiau cryfion?

Os felly – dyma'r swydd i ti!

Cei swper blasus a chroeso cynnes ym mhob man.

Tyrd i ddweud dy stori.

Cewri

Os nad wyt gryf, bydd gyfrwys

Un tro, amser maith yn ôl, roedd cawr anferthol yn byw mewn ogof yn y mynydd. Enw'r cawr oedd Crensiwr, oherwydd doedd dim byd yn ei blesio'n fwy na chrensian. Byddai'n crensian coed a chreigiau, tai a chestyll, gwartheg a defaid, a phan fyddai'n llwglyd iawn byddai hyd yn oed yn crensian brocoli a bresych. Yn wir, roedd Crensiwr yn broblem enfawr i drigolion y cwm wrth droed y mynydd.

'OOO! Be wnawn ni?' ochneidiodd Wmffra wrth edrych ar y llanast yn y caeau un bore.

'Mae hyn yn warthus!' sgyrnygodd Miss Castellwych, wrth edrych ar dyrau ei chastell yn rhacs ar y llawr.

Ar wal Neuadd y Ddinas roedd arwydd:

> *Yn galw ar holl ddynion cryf yr ardal:*
>
> *Gwobr am ddal Crensiwr y Cawr*
>
> *£100*
>
> *Ydych chi'n ddigon dewr?*
>
> *Ydych chi'n ddigon cryf?*
>
> *Oes ganddoch chi'r arfau gorau i wneud y gwaith?*

Roedd holl ddynion cryfion yr ardal wedi ceisio dal y cawr. Er hynny, roedd pawb wedi dod yn ôl o'r mynydd bob tro gydag wynebau gwelw, a storïau ofnadwy am Crensiwr y cawr dychrynllyd.

Un diwrnod roedd Mari fach yn mynd heibio'r neuadd. Edrychodd ar yr arwydd, ac yna edrychodd ar y tyllau yn ei hesgidiau. Hmm, meddyliodd, fe allai hi gael sawl pâr o esgidiau am £100.

Y noson honno, dringodd Mari fach i fyny at ogof Crensiwr. Deuai sŵn chwyrnu dychrynllyd o'r ogof. Ond nid oedd ofn ar Mari fach. Bu wrthi'n gweithio drwy'r nos, nes bod twll anferth y tu allan i geg yr ogof. Yna gorchuddiodd y twll â rhedyn a gwair a brigau, fel nad oedd golwg o'r twll.

Fel roedd y wawr yn torri, eisteddodd Mari fach yr ochr arall i'r twll, a dechrau canu cân fach swynol. Yn sydyn clywodd rhu o du mewn yr ogof.

'DISTAW!' Crynodd y llawr wrth i Crensiwr ruthro allan i fwyta pwy bynnag oedd wedi ei ddeffro.

Ond wrth ruthro, welodd e ddim y twll. Wps! Disgynnodd trwy'r brigau a'r rhedyn a'r gwair. Roedd Crensiwr i mewn yn y twll, ac yn methu dod allan.

'Gwych!' meddai Mari fach. Esgidiau newydd amdani!

Cewri

Cewri chwedlonol

Hen, hen stori ...

Rydym yn dal i wybod am hen, hen storïau heddiw am eu bod nhw wedi cael eu trosglwyddo o un genhedlaeth i'r llall ers canrifoedd. Mae llawer o'r chwedlau yn perthyn i bobl oedd yn byw yng Nghymru a gwledydd eraill Prydain ac Iwerddon yng nghyfnod y Celtiaid. Mae rhai eraill wedi dod i wledydd Prydain gyda'r Rhufeiniaid, y Sacsoniaid, a'r Llychlynwyr. Roedd nifer o'r straeon hyn yn sôn am bobl **arwrol**, ac yn aml roedd ganddynt bwerau **goruwchnaturiol**. Rhywbeth yn debyg i arwyr ffilmiau ein hoes ni.

Ysbaddaden Bencawr

Cawr oedd Ysbaddaden a thad i'r ferch hardd, Olwen, yn chwedl Culhwch ac Olwen.

Mae ysgolheigion yn credu bod y chwedl hon yn **hynafol** iawn. Cafodd ei chyfansoddi mae'n debyg cyn OC 1100. Mae'r chwedl wedi ei hysgrifennu mewn **llawysgrifau** o'r Canol Oesoedd, sef Llyfr Coch Hergest a Llyfr Gwyn Rhydderch. Yn y ddwy lawysgrif hyn hefyd mae chwedlau'r Mabinogi.

Yn y chwedl hon mae Culhwch eisiau priodi Olwen, ond yn gyntaf, mae Ysbaddaden yn mynnu ei fod yn cwblhau nifer o dasgau amhosibl. I wneud y tasgau hyn mae Culhwch yn cael help marchogion y brenin Arthur. Mae gan y marchogion hyn bwerau rhyfeddol.

Mae'r chwedl yn nodweddiadol o chwedlau tebyg a ddaw o wledydd Celtaidd eraill, yn arbennig Iwerddon.

Mae'r chwedlau erbyn hyn wedi cael eu moderneiddio, fel ein bod ni'n gallu eu darllen a'u deall.

Rhai o farchogion Arthur o'r chwedl Culhwch ac Olwen, a'u nodwedidon:

Enw	Nodwedd
Sgilti Sgafndroed	Fel mae'r enw yn ei awgrymu - roedd yn ysgafndroed. Ni fyddai'n cerdded ar y ffordd. Byddai'n cerdded ar frigau'r coed, neu ar flaen gwellt, ond ni fyddai'r gwellt yn plygu, felly fyddai neb yn deall ei fod wedi pasio.
Gilla Goes-hudd	Roedd Gilla yn dod o Iwerddon a gallai gamu dros dri chan erw gydag un cam.
Gwrhyr Gwalstawd Ieithoedd	Roedd hwn yn deall pob iaith yn y byd.
Gwadn Osol	Gallai hwn droi y mynydd uchaf yn gae gwastad, dim ond wrth sefyll ar y copa.

Chwedlau'r Llychlynwyr

Rhwng OC 700 ac OC 1100 daeth y Llychlynwyr i wledydd Prydain o wledydd Llychlyn, sef Norwy, Sweden a Denmarc heddiw. Fe wnaethon nhw ymgartrefu mewn rhannau o weldydd Prydain, yn arbennig gogledd-ddwyrain Lloegr, ynysoedd yr Alban, de-ddwyrain Iwerddon a rhan fechan o dde-orllewin Cymru.

Roedden nhw'n debyg iawn i'r hen Frythoniaid - roedden nhw hefyd yn mwynhau straeon.

Yn eu storïau hwy roedd pobl yn byw yn Midgard, mewn gwlad ynghanol y ddaear. Roedd corachod a chewri anhygoel yn byw yno. Roedd y duwiau yn byw yn yr awyr mewn gwlad o'r enw Asgard. Er mwyn symud o Asgard i Midgard, roedd enfys yn pontio'r ddwy wlad.

Mewn un stori neu saga, mae duw'r taranau, Thor, yn mynd i geisio lladd y cawr Skrymir, ond mae'r cawr yn ei dwyllo, ac mae Thor yn gorfod mynd adref mewn cywilydd.

Saga

'Saga' yw'r enw sy'n cael ei roi ar chwedlau'r Llychlynwyr. Roedd y chwedlau hyn yn debyg iawn i chwedlau'r Mabinogi. Roedd yna arwyr yn wynebu anawsterau, yn aml yn ymwneud â hud a lledrith. Byddai'r chwedlau yn storïau hir a chymleth. Byddai'r cymeriadau yn ymddangos mewn sawl chwedl, neu saga.

Cening

Byddai'r Llychlynwyr yn creu cerddi trosiadol o'r enw *Cening* (neu Kennning - o'r gair Llychlynaidd *kenna eitt*, sy'n golygu 'i ddisgrifio'). Fe fydden nhw'n creu rhestr o eiriau cyfansawdd yn disgrifio pethau cyffredin, fel y môr.

Weithiau fe fydden nhw'n creu cerdd fel hon, ond heb roi teitl iddi. Fe fyddai'r cerddi fel posau bach.

Fedrwch chi ddyfalu am beth mae'r cerddi disgrifio hyn yn sôn?

Oriawr arian
llygad y nos
yn tyfu, tyfu,
a heneiddio
cyn troi'n ael fach gysglyd
eto.

Llif cynnes
yn cnesu mynwes,
yn cario cariad,
yn berwi weithiau,
dro arall yn oeri,
ond mae fel afon
ynof fi
yn rhoi bywyd.

Agor
y papur plygiedig
yno gweli
linell y llwybrau
a'r ffyrdd fforchiog,
y tiroedd tynn
a'r goriad i agor
pob ffordd.

Cnoi cil

Yn y chwedlau Groegaidd, cawr oedd Atlas. Fel cosb am fynd i ryfel yn erbyn duwiau Olympus, cafodd y swydd o ddal y ddaear ar ei gefn.

Chwilio a chwalu

Beth am drafod gyda ffrind i weld a ydych chi'n cytuno gyda'r atebion? Trafodwch ble'r ydych chi'n dod o hyd i'ch ateb, os yw yn y testun.

1 Beth oedd gwaith y cyfarwydd?

2 Yn yr hysbyseb, pam mae'n gofyn 'Oes gen ti bâr o esgidiau cryfion'?

3 Fedri di esbonio beth mae teitl y stori yn ei ddweud wrthym? Oes neges yn y stori?

4 Pam oedd cymaint o chwedlau a straeon yn cael eu dweud ganrifoedd yn ôl? Sut ydyn ni'n gwybod amdanyn nhw heddiw?

5 Fedri di feddwl am enw a nodwedd arbennig i gymeriad mewn stori debyg i Culhwch ac Olwen?

6 Ceisia ysgrifennu cerdd sy'n bos. Meddwl am rywbeth cyffredin a'i ddisgrifio, heb fod yn rhy amlwg.

Pobl sy'n cyfrif

Betsi Cadwaladr

Roedd Betsi Cadwaladr am fod yn nyrs, ond bryd hynny doedd merched fel arfer ddim yn cael mynd i weithio. Roedd disgwyl iddyn nhw aros gartref i ofalu am y tŷ a'r teulu. Nid oedd Betsi am wneud hynny. Roedd ganddi hi **uchelgais**, ac roedd hi am fynd i weld y byd.

Anturio ymhell o gartref

Gan nad oedd Betsi am aros gartref, fe ddihangodd hi drwy'r ffenestr un noson a rhedeg i ffwrdd. Bu ar sawl antur, mewn gwledydd fel India, China, yr Ariannin, a Seland Newydd. Cafodd ei chipio unwaith yn Rio de Janeiro, gan ddyn o'r enw Barbosa, oedd am iddi ddod yn wraig iddo. Unwaith eto, dihangodd Betsi drwy redeg ar draws y caeau!

Cnoi cil

Tra oedd Betsi Cadwaladr yn Rhyfel y Crimea, daeth i adnabod Florence Nightingale, ond nid oedd y ddwy yn ffrindiau pennaf. Nid oedd Florence Nightingale yn fodlon i Betsi fynd i helpu'r milwyr - roedd hi'n meddwl ei bod yn rhy hen!

Betsi yn ferch fach

Cafodd Betsi ei geni mewn tyddyn bach o'r enw Penrhiw, yn Y Bala, yn 1789. Roedd ganddi 15 o frodyr a chwiorydd, ond bu farw ei mam pan oedd Betsi yn 6 oed. Torrodd marwolaeth ei mam galon Betsi. Yn fuan daeth pawb i sylweddoli bod Betsi yn ferch fach â syniadau mawr. Nid oedd Betsi yn hoffi aros yn y tŷ - roedd yn well ganddi ddringo coed ac **anturio**. Roedd Betsi yn hoff iawn o ddawnsio hefyd, ond roedd ei thad yn ddyn crefyddol iawn, ac nid oedd am weld Betsi yn dawnsio. Yn ôl yr hanes, gofynnodd i Betsi pam ei bod yn dawnsio, ac ateb Betsi oedd 'Mae rhywbeth yn cosi fy nhraed!'

Nyrs

Erbyn heddiw rydyn ni'n cofio am Betsi Cadwaladr fel nyrs. Yn wraig 65 oed, clywodd Betsi fod milwyr Rhyfel y Crimea yn dioddef. Roedd hi am fynd yno i helpu. Felly ym mis Rhagfyr 1854, i ffwrdd â hi unwaith eto, ar antur fwyaf ei bywyd. Yn ystod y rhyfel ofnadwy hwn, bu Betsi yn brysur yn ceisio helpu'r milwyr, trwy lanhau eu briwiau a rhwymo eu doluriau. Roedd hi'n gweithio yn galed iawn, yn codi am 6 y bore ac yn gweithio hyd hanner nos. Aeth Betsi yn sâl, a bu'n rhaid iddi fynd i aros at ei chwaer yn Llundain. Yno bu farw yn 1860.

nyrsio yn y Crimea

Cewri

Paid ag aros yn y tŷ

Ty'd i ddringo, ty'd i ddawnsio,
paid ag aros yn y tŷ!
Os ti'n gêm - wel ty'd am antur,
ty'd am antur efo fi.

Ty'd i grwydro, ty'd i chwilio
gwledydd agos, gwledydd pell;
Os ti'n gêm - wel ty'd am antur,
mae anturio gymaint gwell.

Ty'd i wylio, ty'd i wrando
sŵn y môr, ar ddiwrnod braf.
Os ti'n gêm - wel ty'd am antur,
mae pob dydd fel dydd o haf.

Ty'd i drwsio, ty'd i rwymo
c'lonnau brau a briwiau cas.
Nid yw'n gêm - rhaid gweini cysur,
rhaid rhoi o hyd ein gorau glas.

Haf Llewelyn

Pobl sy'n cyfrif

Ie Syr, na Syr

Bu newid mawr yng Nghymru a gwledydd eraill Prydain yn y 19eg ganrif. Roedd Cymru yn wlad o feistri tir a meistri gwaith. Roedd ffermwyr yn gweithio ar y tir ac yn talu rhent i'r meistr tir. Roedd pobl eraill yn gweithio mewn ffatrïoedd neu weithfeydd mawr fel gwaith glo, gwaith dur, neu chwareli, ac roedden nhw'n cael eu talu gan y meistri i weithio.

Anfodlonrwydd

Yn y cyfnod hwn, roedd y rhan fwyaf o gyfoeth y wlad yn perthyn i ganran fach iawn o'r boblogaeth.

Roedd gan y meistri lawer iawn o bŵer. Roedden nhw'n gallu creu deddfau a gwneud rheolau. Pe byddai rhywun yn mynd yn groes i'r rheolau hyn, yna byddai'r meistri yn gallu eu cosbi. Efallai y byddai rhenti ffermydd yn cael eu codi, neu weithiau byddai amodau gwaith yn newid ac yn mynd yn anodd.

Yn wahanol i heddiw, nid oedd gan bobl bleidlais gudd. Pan fyddai etholiad, byddai'r meistri yn dweud i bwy ddylai pobl roi eu pleidlais. Os oedd rhywun yn mynd yn groes i hyn, yna byddai'r meistri yn eu cosbi. Yn ardal Y Bala yn 1859, cafodd nifer o bobl eu taflu allan o'u ffermydd am bleidleisio yn groes i ddymuniad y meistr tir.

Roedd y sefyllfa yn gwneud i lawer o bobl fod yn anfodlon, ac yn flin iawn.

Cododd nifer o bobl eu llais i geisio newid pethau. Roedden nhw am i bŵer gael ei rannu. Roedden nhw'n galw am fwy o degwch i bobl gyffredin. Roedd y Siartwyr yn brwydro dros hawliau pleidleisio.

y meistr tir

y meistr gwaith

Dic Penderyn

Roedd **amodau byw ac amodau gweithio** pobl y gweithfeydd glo a dur yn wael iawn yn yr 1830au. Roedd y meistri yn dangos eu pŵer, drwy dorri cyflogau a diswyddo pobl. Nid oedd siawns i'r bobl ddangos eu bod yn anfodlon, gan nad oedd ganddynt hawl i bleidleisio.

Yn 1831, aeth pethau mor ddrwg ym Merthyr Tudful, fel bod criw o ddynion wedi protestio yn un dorf. Anfonwyd milwyr yno, a saethodd y rheiny fwledi at y dorf, gan ladd 16 o bobl. Yn yr helynt trawyd un o'r milwyr yn ei goes, gan ei glwyfo.

Ynghanol y dorf roedd gŵr ifanc 23 oed o'r enw Dic Penderyn, neu Richard Lewis. Does neb yn sicr pam, ond fe arestiwyd Dic Penderyn, er nad oedd tystiolaeth yn ei erbyn. Yn yr achos yn ei erbyn, cafwyd Dic yn euog o drywanu'r milwr. Er i filoedd o bobl arwyddo deiseb yn ei gefnogi, cafodd Dic Penderyn ei grogi.

Daeth Dic Penderyn yn symbol o annhegwch, ac o ddioddefaint y gweithiwr.

Michael D. Jones a'r bleidlais

Un arall fu'n ceisio cael gwell bywyd i bobl gyffredin oedd gŵr o'r Bala o'r enw Michael D. Jones. Roedd e am roi'r hawl i bobl bleidleisio yn gudd, fel eu bod yn gallu dewis pwy fyddai'n eu cynrychioli yn y senedd. Ond nid oedd y meistri am adael i hynny ddigwydd. Roedd yn rhaid i'r bobl godi eu dwylo i bleidleisio, felly roedd y meistri yn gallu gweld pwy oedd yn cael eu pleidlais.

Yn Y Bala yn 1859, pleidleisiodd rhai o'r ffermwyr yn erbyn eu meistri tir. O ganlyniad, cafodd rhai eu gorfodi i symud o'u ffermydd, lle'r oedden nhw'n byw. Cafodd mam Michael D. Jones ei gorfodi o'r Weirglodd Wen, Llanuwchllyn, oherwydd bod ei mab yn ceisio cael pleidlais gudd i'r bobl. Trefnodd Michael D. Jones i griw o Gymry ymfudo o Gymru i Batagonia. Hwyliodd llong y 'Mimosa' i Batagonia yn 1865. Roedd yr ymfudwyr cynnar hyn yn gobeithio cael mwy o hawliau a bywyd gwell yn Patagonia.

Diolch i bobl fel Michael D. Jones ac eraill, mae gan bawb dros 18 oed hawl i bleidlais gudd heddiw.

FFUGLEN

Rhoi croes neu dynnu'n groes?

Cnoi cil

Er i ddynion gael yr hawl i bleidleisio yn 1918, dim ond menywod dros 30 oed oedd yn berchen ar eiddo oedd yn cael pleidleisio. Wedyn yn 1928, cafodd merched yr un hawliau pleidleisio â dynion. Bu'r **swffragetiaid** yn brwydro'n hir dros hawl merched i gael pleidlais.

Dwi ddim yn meddwl y gwna' i foddran. I be? Does dim pwynt llusgo fy hun allan drwy'r drws ffrynt. Wneith neb wrando ar be sy gen i i'w ddweud beth bynnag.

Wn i - mi wna i agor paced o fisgedi a setlo i lawr i wylio'r teledu. Newyddion. O, na! Penawdau heddiw -

- plastig yn llygru'r moroedd (Ych a fi - afiach - y crwban druan yna â bag plastig am ei ben)

- 10 ambiwlans yn ciwio y tu allan i'r ysbyty - dim gwelyau i gleifion difrifol wael (gwarthus)

- pobl yn cysgu ar y stryd - (does ganddyn nhw unman i fynd felly. Rhyfedd te?)

I be mae'r byd yma'n dod, dwedwch? Pam na fedr rhywun gael trefn ar bethau?

Dwi wedi cael llond bol ar yr holl newyddion drwg yma o hyd. Dydy'r gwleidyddion yma yn da i ddim byd, nac ydyn? Maen nhw'n cael eu talu miloedd bob blwyddyn, ac i be? Mi ddylia rhywun wneud rhywbeth.

Wel, fydd yna ddim ar y newyddion bore fory ond hanes y lecsiwn, mae'n siŵr. Dwi'n mynd i 'ngwely.

Hm. Tybed ddylwn i fod wedi mynd allan i roi croes ar bapur wedi'r cwbl? Un fisged arall cyn mynd i gysgu. Nos da.

Chwilio a chwalu

Beth am drafod gyda ffrind i weld a ydych chi'n cytuno gyda'r atebion? Trafodwch ble'r ydych chi'n dod o hyd i'ch ateb, os yw yn y testun.

1 O ble oedd Betsi yn dod?

2 Pa fath o ferch oedd Betsi pan oedd hi'n blentyn?

3 A ddylen ni fod yn cofio am Betsi heddiw? Pam?

4 Pa deimladau oedd yn cyniwair ym Merthyr yn 1831? Meddyliwch am y gweithwyr a'r meistri.

5 Pam mae'r bleidlais gudd yn bwysig?

6 Sut byddech chi'n ateb awdur y blog?

Cewri

Gwneud safiad trwy eistedd

Rosa Parks

Hyd at ganol y ganrif ddiwethaf, roedd pobl yn America yn cael eu gwahanu oherwydd lliw eu croen. Ar fysiau, roedd seddi arbennig ar gyfer pobl ddu a seddi eraill ar gyfer pobl wyn. Roedd ysgolion ar gyfer pobl ddu, ac ysgolion eraill ar gyfer pobl wyn. Byddai siopau a llefydd bwyta hefyd yn gwahanu pobl oherwydd lliw croen. Yn aml roedd yr **adnoddau** ar gyfer pobl wyn yn llawer gwell na'r adnoddau ar gyfer pobl ddu.

Roedd llawer o bobl yn ceisio newid hyn. Un o'r rhain oedd Rosa Parks.

Rosa Parks (1913 - 2005)

Pan yn blentyn bach roedd Rosa yn byw gyda'i mam a'i thaid a nain yn Alabama, UDA. Fel plant Affricanaidd-Americanaidd roedd Rosa a'i ffrindiau yn gorfod cerdded i'r ysgol - ysgol fach mewn un ystafell a dim ond ychydig o ddesgiau. Roedd plant gwyn yr un oed â nhw'n cael eu cludo i ysgol newydd grand, yn llawn o adnoddau da.

Oherwydd i'w mam fynd yn sâl, bu'n rhaid i Rosa roi'r gorau i'r ysgol pan oedd hi'n ei harddegau. Priododd hi Raymond yn 1932, ac wrth weithio'n rhan amser fel **gwniadwraig**, gallodd fynd yn ôl i'r ysgol a phasio arholiadau.

Roedd Rosa a'i gŵr Raymond yn poeni am y rheolau oedd yn gwneud bywyd yn anodd i bobl ddu Alabama. Roedd y ddau yn aelodau o **fudiad cefnogi hawliau** pobl ddu.

Yn 1955, ar ei ffordd adref o'i gwaith, roedd Rosa yn eistedd ar y bws pan ddaeth pobl wyn i mewn. Dywedodd y gyrrwr wrth Rosa am symud, ond roedd Rosa yn benderfynol o aros yn ei sedd.

Galwodd y gyrrwr am yr heddlu a chafodd Rosa ei harestio.

Roeddwn i ar y bws!

Dyma nodiadau dychmygol un o'r teithwyr eraill ar y bws, pan arestiwyd
Rosa Parks:

- Rosa Parks a 3 arall ar eu ffordd o'r gwaith tua 6.00 p.m.

- Eistedd ar y bws yn Montgomery, Alabama, a'r bws yn cychwyn ar ei thaith.

- Nifer o bobl ar y bws, y seddi i'r bobl wynion i gyd yn llawn.

- Yn y stop nesaf, daw dyn gwyn i mewn ac nid oes sedd 'wen' ar ôl iddo.

- Daw'r gyrrwr at Rosa Parks a'r lleill a dweud bod yn rhaid iddyn nhw godi i wneud lle i'r dyn gwyn.

- Y tair arall yn codi a symud i'r cefn. Rosa Parks yn gwrthod symud.

- Y gyrrwr yn gweiddi a dweud y drefn, ond Rosa Parks yn dal i eistedd.

- Y gyrrwr yn galw'r heddlu, ond Rosa Parks yn dal i eistedd.

- Yr heddlu yn cyrraedd, ond Rosa Parks yn dal i eistedd.

- Yr heddlu yn arestio Rosa Parks ac yn mynd â hi i'r celloedd.

- Y bws yn mynd ymlaen ar ei thaith.

Gwneud safiad

Brwydro yn erbyn annhegwch

Mae llawer iawn o bobl wedi brwydro'n ddewr dros y blynyddoedd i gael tegwch i bobl ddu. Yn America, mae dau – Rosa Parks a Martin Luther King – yn enwog iawn am frwydro dros hawliau pobl.

Roedd **safiad** Rosa Parks yn safiad syml iawn, ond oherwydd ei phenderfyniad hi, a nifer o bobl debyg iddi, daeth hawliau cyfartal yn frwydr bwysig iawn ledled y byd.

Ar ôl i Rosa Parks gael ei harestio am eistedd yn seddi'r bobl wyn ar y bws ym mis Rhagfyr 1955, penderfynodd ei chefnogwyr droi eu cefn ar y bysiau. Rhwng mis Rhagfyr 1955 a mis Rhagfyr 1956, bu **boicot** o'r bysiau, ac roedd y bobl dduon, yn ogystal â rhai bobl wynion, yn gwrthod defnyddio'r bysiau. Roedden nhw'n cerdded i bobman, neu'n defnyddio ceir preifat. Roedd y bysiau yn dal i fynd, ond roedden nhw'n aml yn wag. Roedd hon yn brotest bwysig, a chafodd lawer o sylw yn y wasg. Oherwydd hyn, cafodd y rheolau gwahanu oedd yn ymwneud â'r bysiau eu dileu yn mis Rhagfyr 1956. Fodd bynnag, er bod y frwydr honno wedi ei hennill, yr oedd llawer o waith eto i'w wneud i sicrhau tegwch a **chydraddoldeb** i'r bobl dduon.

Er bod y rheolau erbyn mis Ionawr 1957 yn caniatáu i bobl ddu a phobl wynion deithio ac eistedd gyda'i gilydd, roedd rhai o'r bobl wynion yn anfodlon. Roedden nhw'n cael eu cynrychioli gan grŵp o'r enw'r Ku Klux Klan. Y grŵp treisgar hwn oedd yn gyfrifol mae'n debyg am ffrwydro bomiau yng nghartrefi sawl un oedd wedi ymwneud â'r boicot. Daeth dyn ifanc o'r enw Martin Luther King yn amlwg yn y cyfnod hwn, a chafodd ffrwydriad ei ddarganfod yn ei gartref yntau. Ond roedd Martin Luther King yn ddyn dewr, ac aeth yn ei flaen i arwain ymgyrchoedd dros gydraddoldeb i'r dyn du yn America.

> 'Roeddwn i wedi wynebu annhegwch ar hyd fy oes, a'r eiliad honno, penderfynais mai digon oedd digon.'
>
> Rosa Parks, wrth sôn am y digwyddiad ar y bws yn Montgomery, Alabama.

Ku Klux Klan

Mudiad treisgar, oedd yn credu bod gan y dyn gwyn hawliau uwch na'r dyn du. Roedd y grŵp yn annog ei ddilynwyr i ddefnyddio dulliau treisgar a niweidiol i sathru ar hawliau'r dyn du.

Martin Luther King	
Geni	15 Ionawr 1929, yn Atlanta, Georgia
Gwaith	Gweinidog gydag enwad y Bedyddwyr
Amcan	• brwydro dros hawliau pobl dduon a phobl gyffredin oedd yn cael eu trin yn annheg; • gwneud hynny trwy ddulliau heddychlon yn unig. Nid oedd yn credu mewn codi arfau, na niweidio neb. Roedd yn benderfynol mai'r unig ffordd i gael byd gwell oedd trwy siarad a pherswadio a phasio deddfau.
Enwog am	• frwydro'n heddychlon dros hawliau'r bobl dduon a thros hawliau bobl gyffredin; • dod yn arweinydd y boicot yn dilyn safiad Rosa Parks ar y bws yn Montgomery, Alabama; • rhoi anerchiadau i berswadio pobl fod yn rhaid newid deddfau i sicrhau tegwch i bawb; • ei anerchiad 'Mae gen i freuddwyd.' a wnaeth mewn rali enfawr yn Washington yn 1663. Roedd dros 250,000 o bobl yn y rali, ac roedden nhw'n galw am hawliau nad oedd yn cymryd sylw o liw croen, statws cymdeithasol a chyfoeth.
Marw	Cafodd ei saethu ar 4 Ebrill 1968 yn Memphis.
Cofio	Mae diwrnod Martin Luther King yn ddiwrnod o wyliau yn America, ac mae'n digwydd ar y trydydd dydd Llun ym mis Ionawr, i gofio am ddydd geni MLK.

Cewri

Washington
28 Awst, 1963

Annwyl Ben,

Wel. Ble alla i ddechrau dweud hanes heddiw wrthyt ti? Dim ond mynd allan i brynu hufen iâ wnes i... Yr eiliad y gwnes i gamu ar y pafin roeddwn i'n gwybod bod rhywbeth mawr ar droed. Wnes i erioed ddychmygu y byddwn i'n cael y cyfle hwn. Anhygoel! Pan welais i'r afon yma o bobl yn llifo i lawr y stryd, mi ges fy nghario gyda'r lli rhywsut! Roedd yr awyrgylch yn drydanol - cymysgfa o gyffro a phryder. Wedi'r cwbl, doedd neb yn gwybod beth oedd am ddigwydd.

Yna daethon ni i stop o flaen y *Lincoln Memorial*. Roedd sawl anerchiad, a'r dorf yn gwrando'n dawel. Roedd pob siaradwr yn wych, yn sôn fel yr ydyn ni wedi cael digon erbyn hyn - digon ar gael ein trin yn israddol. Yna daeth y siaradwr olaf i'r llwyfan - Martin Luther King.

Pan ddaeth MLK i'r blaen i annerch, fe doddodd y pryder i'r awyr. Mae o'n ddyn arbennig iawn. Dydw i erioed wedi clywed anerchiad fel yna o'r blaen. Fe fyddet ti'n disgwyl ei glywed yn sôn am frwydro a tharo'n ôl yn erbyn pobl sy'n ein trin yn wael - ond na - *'Peidiwch â gadael i'n syched am ryddid beri i ni yfed o gwpan casineb!'* Dyna ei eiriau. *'Mae gen i freuddwyd..'* meddai, *'Mae gen i freuddwyd y bydd fy mhedwar plentyn bach, un dydd, yn byw mewn cenedl lle na fyddan nhw'n cael eu beirniadu oherwydd lliw eu croen, ond yn hytrach am eu cymeriadau ... Mae gen i freuddwyd am y diwrnod pan fydd plant y caethweision a phlant y perchnogion yn eistedd yn gydradd o amgylch y bwrdd, a bydd pob un yn rhydd..'*

Roedd pawb wedi eu syfrdanu, wedi eu tanio, ond nid i ddinistrio nac ymladd, ond wedi eu tanio mewn ffordd wahanol.

Rhaid i ni gyd sefyll fel un. Dim ond felly y cawn ni'r hawliau sydd yn ddyledus i ni.

Wyt ti'n dod i'r cyfarfod nos Wener? Os felly, cawn sgwrs ymhellach yno.

Hwyl am y tro,
Harry

Cnoi cil

Un arall fu'n ymgyrchu dros degwch i'r bobl dduon oedd Nelson Mandela. Roedd Nelsan Mandela yn byw yn Ne Affrica, a chafodd ei garcharu am 27 mlynedd am geisio cael tegwch i'w bobl. Daeth yn arlywydd De Affrica wedi iddo adael y carchar. Roedd yn ddyn dewr a doeth a daeth yn arwr i bobl sy'n credu mewn tegwch ar draws y byd.

Chwilio a chwalu

Beth am drafod gyda ffrind i weld a ydych chi'n cytuno gyda'r atebion? Trafodwch ble'r ydych chi'n dod o hyd i'ch ateb, os yw yn y testun.

1 Nodwch y gwahaniaeth rhwng ysgolion y plant du ac ysgolion y plant gwyn pan oedd Rosa Parks yn fach.

2 Yn y nodiadau, pam mae'r geiriau 'dal i eistedd' yn cael eu dweud sawl gwaith?

3 Beth oedd effaith y boicot ar y bysiau yn Alabama?

4 Pam roedd rhai pobl yn gwrthwynebu safiad pobl fel Rosa Parks a Martin Luther King?

5 Pa frawddeg yn y llythyr sy'n dangos barn Martin Luther King am gasáu gelynion a tharo yn ôl?

6 Dychmygwch eich bod yn ohebydd, naill ai yn Alabama yn 1955, neu yn Washington yn 1963. Rhowch adroddiad o'r digwyddiadau.

Cewri

Pwy sy'n gawr?

Fedri di fod yn gawr?

Yn dy farn di, beth ydy 'cawr'?

Pan rydyn ni'n sôn am bobl sy'n 'gewri', am ba fath o bobl ydyn ni'n sôn?

Fedri di fod yn 'gawr'? Sut? Beth fyddai'n dy wneud di'n 'gawr'?

Dyma rai pethau i'w trafod:

Dwi ddim yn meddwl bod pobl heddiw yn gallu bod yn gewri.

Rhaid i ti fod yn fawr a chryf i fod yn gawr.

Cymeriadau mewn storïau a chwedlau ydy cewri, nid pobl go iawn.

Rydw i'n credu bod pobl sy'n dda yn eu maes yn gallu bod yn gewri.

Yn fy marn i, mae unrhyw un sy'n gwneud rhywbeth dewr yn gallu bod yn gawr.

Wyt ti'n adnabod rhywun y medri di ei alw'n gawr?

Ydy plant yn gallu bod yn gewri?

Dyma Malala Yusafzai. Roedd Malala yn byw mewn gwlad o'r enw Pakistan. Roedd rhai pobl yn y wlad yn credu na ddylai merched gael mynd i'r ysgol, ond roedd Malala yn **anghytuno**. Roedd Malala yn benderfynol o gael mynd i'r ysgol. Ar y bws un diwrnod, daeth dyn i mewn a saethu Malala. Cafodd Malala ei niweidio am fod yn benderfynol o wneud beth roedd hi'n ei gredu oedd yn iawn. Mae Malala yn dal i siarad heddiw, gan ddweud wrth bobl am beidio â rhoi'r gorau i bethau pwysig bywyd, er bod hynny'n anodd weithiau.

Cewri

Bore Ali

Weithiau mae'n rhaid i blant ofalu am eu rhieni neu bobl hŷn yn y teulu.
Dyma amserlen bore Ali, sydd yn gofalu am ei fam.

7:00	Diwrnod newydd. Deffro wrth i'r cloc larwm sgrechian dros y tŷ.
7:10	Ymolchi a newid fi fy hun, yna mynd i ddweud 'Bore da' wrth Mam, ac agor llenni ei hystafell wely.
7:30	Gwneud brecwast i Mam. Mae hi'n cael ei brecwast yn ei gwely cyn i'r **gofalwyr** ddod.
7:50	Y gofalwyr yn cyrraedd. Nhw sydd yn ymolchi a gwsigo Mam, ac yn ei rhoi i eistedd yn ei chadair olwyn. Bwyta fy mrecwast.
8:00	Paratoi brechdan i Mam – brechdan gaws heddiw – a'i rhoi mewn bocs i gadw'n ffresh. Gwneud dwy fflasg - coffi mewn un a the yn y llall. Bydd Mam angen paned o goffi tua 10:00, ac mae hi'n hoffi paned o de ar ôl cinio.
8:15	Mynd â brwsh dannedd i Mam gael golchi ei dannedd. Clirio popeth. Gwneud gwely Mam a gwneud yn siŵr ei bod yn gynnes. Gofalu bod popeth ganddi wrth law.
8:30	Casglu fy ngwaith cartref. Rhaid i mi wneud yn siŵr fod y cit pêl-droed gen i - diwrnod chwaraeon heddiw.
8:35	Dweud 'Hwyl fawr' wrth Mam. Gwneud yn siŵr fod y drws wedi'i gloi. Mae gan y gofalwyr allwedd i ddod i mewn ar ôl cinio. Rhedeg i ddal y bws ysgol.

Cewri

Plant dewr yn dianc

Ar draws cyfandiroedd y byd mae pobl yn gorfod dianc o'u cartrefi, oherwydd nad ydy aros yno yn ddiogel.

Yn 2017 bu'n rhaid i tua 65 miliwn o bobl ddianc o'u cartrefi.

Ymysg yr holl bobl yma, wrth gwrs, mae nifer fawr iawn o blant a babanod. **Ffoaduriaid** ydy'r bobl hyn, sy'n ceisio symud er mwyn eu diogelwch eu hunain a'u teuluoedd.

Pam mae pobl yn ffoi o'u gwledydd?

Mae ffoaduriaid yn gorfod gadael eu cartrefi pan nad ydy hi'n ddiogel neu'n bosibl i aros, a hynny oherwydd gwahanol resymau:

rhyfel

Mae pobl yn gorfod symud oherwydd bod brwydro yn digwydd o amgylch eu cartrefi, ac mae'n beryglus i aros yno.

newyn

Mae pobl yn gorfod symud oherwydd nad oes bwyd neu ddŵr glân ar gael. Gall hyn fod oherwydd rhyfel, neu oherwydd sychder neu drychineb naturiol.

erledigaeth wleidyddol neu grefyddol

Mae pobl yn gorfod symud oherwydd nad ydyn nhw'n cael hawl a rhyddid i gredu a meddwl mewn ffordd arbennig. Efallai bod y llywodraeth yn eu gwledydd nhw yn dweud – *Rhaid i chi gredu fel hyn neu...*

trychinebau naturiol

Mae pobl yn gorfod symud oherwydd bod rhywbeth dychrynllyd wedi digwydd ger eu cartrefi. Trychinebau fel:
- daeargrynfeydd
- stormydd
- tsunami
- sychder
- llifogydd
- llosgfynyddoedd

Mae nifer fawr o bobl yn gorfod symud o'u cartrefi a symud i ran arall o'r wlad honno.

Bydd nifer o ffoaduriaid yn byw mewn gwersylloedd anferth, mewn gwledydd eraill. Un o'r gwersylloedd ffoaduriaid mwyaf yn y byd yw gwersyll Kakuma yn Kenya. Mae tua 180,000 o bobl a phlant yno, y rhan fwyaf ohonynt o wledydd Somalia a De Sudan.

De Sudan
4.6 miliwn o bobl angen bwyd ar frys

Ethiopia
5.6 miliwn o bobl angen bwyd ar frys

Somalia
6.2 miliwn o bobl angen bwyd ar frys

Kenya
2.7 miliwn o bobl angen bwyd ar frys

Cnoi cil

Yn 2016 roedd poblogaeth gwledydd Prydain i gyd yn 65.64 miliwn.

Stori Najeebullah

Bachgen 12 oed oedd Najeebullah pan fu'n rhaid iddo ddianc o'i gartref yn Afghanistan. Daeth dynion dieithr, gyda masgiau dros eu hwynebau, i mewn i'r mosg a chymryd ffrind Najeebullah i ffwrdd gyda nhw. Yna aeth y dynion dieithr i dŷ Najeebullah a dweud mai ef fyddai'r nesaf i orfod mynd gyda nhw.

Roedd rhieni Najeebullah wedi dychryn yn ofnadwy, ac fe wnaethon nhw werthu eu tir er mwyn i Najeebullah fedru gadael y wlad.

Teithiodd y bachgen 12 oed am fisoedd. Bu'n rhaid iddo groesi afonydd, mynd trwy goedwigoedd, a cherdded am oriau trwy eira trwchus mewn mynyddoedd, heb sôn am groesi môr mewn cwch peryglus.

"Mi welais i farwolaeth," meddai Najeebullah. "Roeddwn i wedi dychryn am fy mywyd."

Erbyn hyn mae Najeebullah wedi cyrraedd Lloegr, ac yn gobeithio medru mynd ymlaen i'r coleg i ddysgu bod yn blymiwr.

Babi mewn bag

Roedd cyfnod yr Ail Ryfel Byd yn gyfnod o dristwch dychrynllyd i lawer o bobl. Ond roedd llawer o bobl ddewr yn ceisio gwneud gwahaniaeth i fywyd yr Iddewon, oedd yn cael eu cam-drin gan y Natsïaid. Un o'r rheiny oedd Pwyles o'r enw Irena Sendler. Gweithwraig Gymdeithasol oedd Irena, a phan yrrwyd yr Iddewon i'r **ghetto** yn Warsaw, bu Irena yn ceisio smyglo plant allan oddi yno, a'u danfon i gartrefi diogel yn y ddinas. Pe byddai'r plant yn aros yn y ghetto, marwolaeth fyddai'n eu hwynebu dan ddwylo'r Natsïaid.

Mae'r golau'n pylu, yr haul gwan wedi cael digon ar geisio goleuo corneli tywyll y ghetto. Yma mae'r tywyllwch yn waeth nag yn unman arall yn Warsaw. Rywsut nid yw'r golau yn gallu treiddio yr un fath heibio i ddur y weiren bigog.

Yn sydyn daw merch ifanc heibio. Mae golwg drefnus arni. Nid Iddewes mo hon - mae hi'n edrych yn rhy iach. Gwibia ei llygaid; mae hi'n gwylio, yn gwrando. Mae'n rhaid iddi lwyddo. Yna, mae'n cymryd anadl ac yn mynd yn syth at y giât, lle mae'r milwyr yn aros i'w holi. Mae'n dangos y darn papur, y pas sydd yn caniatáu iddi deithio yn ôl a blaen trwy'r gatiau haearn.

Mae'r ci wrth ei sawdl yn dechrau cyfarth, cyfarth a chwyrnu, ac mae cŵn y milwyr yn ymuno yn yr oernadu.

"Distaw!" sgyrnyga'r milwr wrth y giât, ac mae'r cŵn yn tawelu.

Mae'r ferch ifanc yn nodio, yn gwenu ar y milwr, yn mwytho pen y ci, ac yn symud yn ei blaen, gan roi hwb i'r bag o dan ei braich.

Brysia yn ei blaen, heibio'r wagenni llawn milwyr, eu gynnau'n barod, heibio i'r eglwys Gatholig ar gyrion y ghetto. Brysio nes cyrraedd y tŷ. Yno, ar ôl cloi'r drws ar ei hôl, mae'n gosod y bag ar y llawr ac yn ei agor.

'Ty'd fy seren fach i…' Mae hi'n codi'r babi o'r bag, a'i anwesu. "Fe gei di grio rŵan. Rwyt ti o leiaf yn saff."

Ar ôl setlo'r babi eto, mae'n ysgrifennu ei enw, ac enw ei rieni, ar ddarn o bapur. Wedyn mae'n rhoi'r papur mewn jar. Mae'n mynd allan i'r ardd, ac yn tyllu twll bach yn y ddaear - dim ond digon i roi'r jar ynddo.

"Rhag ofn … rhyw ddiwrnod … efallai."

Chwilio a chwalu

Beth am drafod gyda ffrind i weld a ydych chi'n cytuno gyda'r atebion? Trafodwch ble'r ydych chi'n dod o hyd i'ch ateb, os yw yn y testun.

1 Beth oedd Malala yn benderfynol o gael ei wneud?

2 Beth mae Ali yn ei wneud rhwng 7:00 a 7:30?

3 Yn eich barn chi, ydy plant yn gallu bod yn gewri?

4 Pam mae pobl yn gorfod gadael eu gwledydd weithiau?

5 Oes unrhyw beth y medrwn ni ei wneud i newid pethau nad ydyn ni'n hapus yn eu cylch? Pa fath o bethau medrwn ni eu gwneud?

6 Ceisiwch ddod o hyd i fwy o wybodaeth am Irena Sandler. Ewch ati i greu ffeil ffeithiau amdani. Pam ei bod hi'n gawres?

Geirfa

Cofiwch – efallai y bydd gair yn dechrau gyda llythyren neu lythrennau gwahanol yn yr eirfa os yw wedi'i dreiglo yn y testun. Cofiwch hefyd mai'r gair unigol sy'n dod gyntaf yn yr eirfa os yw'n lluosog yn y testun; mae'r gair lluosog mewn cromfachau.

Allwedd

eg	enw gwrywaidd
eb	enw benywaidd
egb	enw gwrywaidd a benywaidd
ans	ansoddair
be	berfenw
ll	lluosog
S.	Saesneg

Owain Gwynedd

anorchfygol – *ans* amhosibl ei drechu; S. *unconquerable*

corlan – *eb* (*ll* corlannau) lle sydd â ffens neu wal o'i amgylch, i gadw defaid neu anifeiliaid eraill; S. *fold, pen*

gwrthryfel – *eg* (*ll* gwrthryfeloedd) gwrthwynebu llywodraeth trwy brotestio a chodi arfau; S. *rebellion, revolt*

ildio – *be* rhoi'r gorau i wneud rhywbeth, rhoi'r gorau i frwydro; S. *to surrender*

teyrngarwch – *eg* ffyddlondeb i rywun, dilyn rhywun neu rywbeth; S. *loyalty*

Cewri Celtaidd/ Cewri cynhanes

cymuned – *eb* (*ll* cymunedau) pobl yn dod at ei gilydd i fyw mewn lle arbennig; S. *community*

dehongli – *be* gweld rhywbeth mewn ffordd arbennig; S. *to interpret*

hirddydd haf – *eg* diwrnod hiraf yr haf, neu Heuldro'r haf, sef 21 Mehefin; S. *Summer Solstice*

megalithig – *ans* strwythurau hynafol, enfawr o gerrig yn dyddio o gyfnod cynhanes; S. *megalithic*

Gwenllian

amgylchynu – *be* cau am rywbeth, gwneud cylch o amgylch rhywun neu rywbeth; S. *to surround*

dienyddio – *be* lladd rhywun fel cosb gyfreithiol; S. *to execute*

Gwaith, gwaith, gwaith

gwareiddiad – *eg* cymdeithas sydd wedi datblygu'n foesol, sydd yn waraidd; S. *civilization*

hanu – *be* dod o rywle, neu o ryw deulu neu lwyth; S. *to descend from*

olrhain – *be* dilyn, ymchwilio; S. *to trace*

rhwysg – *eg* dangos pwysigrwydd a phŵer; S. *power, pomp*

tranc – *eg* marwolaeth, diwedd; S. *end, slaughter*

Gwaith, gwaith, gwaith

amddiffyn – *be* gofalu am rywun neu rywbeth; S. *to defend*

gwahardd – *be* rhwystro rhywbeth, e.e. Mae'r Pennaeth wedi gwahardd ffonau symudol yn yr ysgol. S. *to ban, to prohibit*

huddygl – *eg* llwch du sy'n cael ei greu wrth losgi glo neu goed; S. *soot*

gwrtaith – *eg* yr hyn sy'n cael ei roi ar y tir ac mewn gerddi i wella ansawdd y pridd; S. *fertilizer*

palis – *eg* (*ll* palisau) hen air am wal denau sydd rhwng dwy ystafell; S *palisade*

Rhyfelwyr tiroedd y paith

angenrheidiol – *ans* rhywbeth sydd yn rhaid ei gael neu ei wneud; S. *necessary*

anwar – *ans* gwyllt, heb ei ddofi; S. *uncivilised*

cyrch – *eg* (*ll* cyrchoedd) ymosodiad ar rywbeth; S. *attack, attempt*

darparu – *be* paratoi, gwneud yn barod; S. *to provide*

eilun – *eg* (*ll* eilunod) delw, cerflun, rhywbeth sydd yn cael ei addoli; S. *idol*

gwastatir – *eg* (*ll* gwastatiroedd) darn o dir gwastad sy'n ymestyn ymhell; S. *plain*

hanfodol – *ans* rhaid ei gael neu ei wneud; S. *vital*

pobl frodorol – *eb* (*ll* pobloedd brodorol) pobl sy'n byw ac yn perthyn i fan neu wlad arbennig, ac sydd wedi byw yno ers cyfnod maith; S. *indigenous tribes*

Cewri chwedlonol

arwrol – *ans* bod fel arwr, yn ddewr; S. *heroic*

cyndad – *eg* (*ll* cyndeidiau) aelodau o'n teulu sydd wedi byw o'n blaenau ni; S. *ancestors*

hynafol – *ans* hen iawn; S. *ancient*

goruwchnaturiol – *ans* perthyn i fyd hud neu wyddonias, anodd ei egluro; S. *supernatural*

llawysgrif – *eb* (*ll* llawysgrifau) gwaith wedi ei ysgrifennu â llaw, cyn cyfnod argraffu; S. *manuscript*

Pobl sy'n cyfrif

amodau byw – *ell* cyflwr y man y mae pobl yn byw ynddo, e.e. sut dŷ neu gartref sydd ganddyn nhw; S. *living conditions*

amodau gwaith – *ell* hawliau yn y gweithle, sut le mae rhywun yn gweithio ynddo, sut oriau gwaith sydd ganddyn nhw, pa gyflog sydd ar gael; S. *working conditions*

anturio – *be* mynd ar daith anturus neu gyffrous; S. *to venture*

diswyddo – *be* colli gwaith; S. *to be made redundant*

swffragét – *eb* (*ll* swffragetiaid) merch oedd yn galw am roi'r hawl i bleidleisio i ferched ym Mhrydain yn yr 20fed ganrif; S. *suffragette*

Gwneud safiad trwy eistedd/Gwneud safiad

adnodd – *eg* (*ll* adnoddau) deunyddiau, gwasanaethau neu arian sydd ar gael i wneud pethau'n bosibl; S. *resources*

boicot – *eg* math o brotest, pan fo pobl yn osgoi mynychu rhywle neu ddefnyddio gwasanaeth; S. *boycott*

cydraddoldeb – *eg* pan fo pawb yn gyfartal, yn cael eu trin yr un fath; S. *equality*

gwniadwraig – *eb* gwraig sydd yn gwnïo; S. *seamstress*

mudiad cefnogi hawliau – *eg* (*ll* mudiadau cefnogi hawliau) criw o bobl sy'n credu y dylai pobl benodol gael hawliau; S. *society for the support of rights*

safiad – *eg* (*ll* safiadau) y weithred o sefyll yn gadarn dros rywbeth rydych chi'n credu ynddo; S. *stand*

Pwy sy'n gawr?/ Plant dewr yn dianc

anghytuno – *be* peidio â chytuno â rhywun neu rywbeth; S. *to disagree*

ghetto – *eg* ardal lle roedd yr Iddewon yn cael eu gorfodi i fyw ynddi, unrhyw ran o ddinas lle mae llawer o bobl yn byw oherwydd tlodi a diffyg hawliau; S. *ghetto*

gofalwr – *eg* (*ll* gofalwyr) pobl sy'n gofalu am bobl eraill, naill ai fel gwaith gwirfoddol (heb gael eu talu) neu fel gwaith cyflogedig; S. *carers*